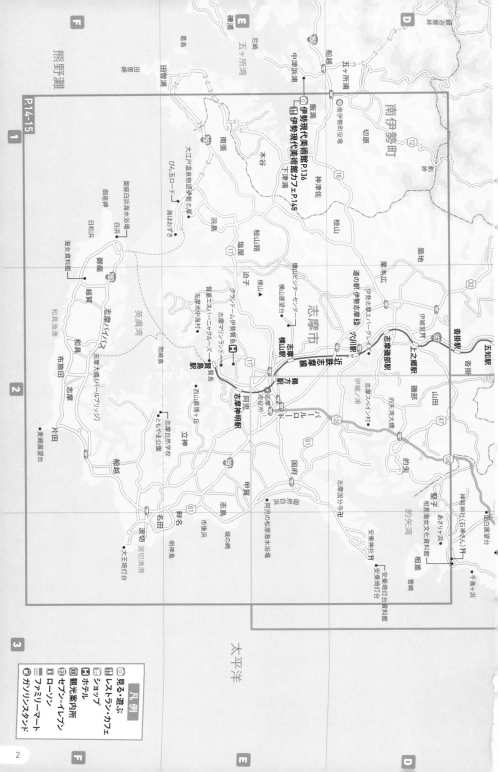

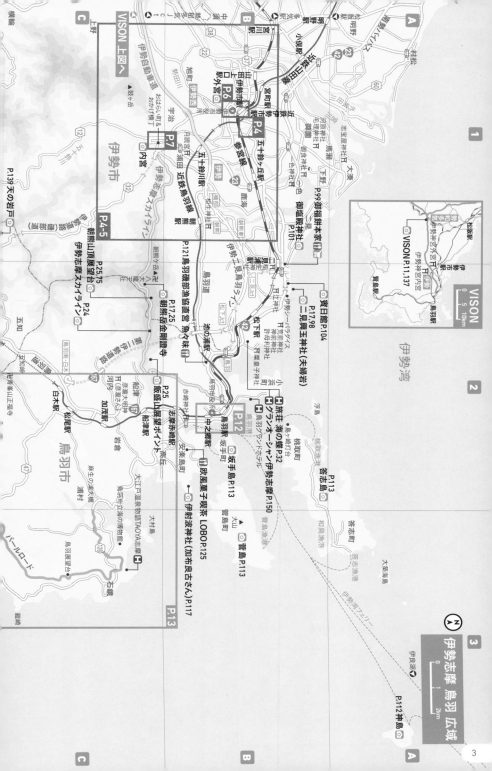

伊勢全体

0　250　500m

N

- 多気駅
- 60
- 御薗町高向
- 近鉄山田線
- 松阪駅
- C 赤十字病院
- ミタス伊勢　船江
- 左下図へ

B

A

- 勢宮線
- 宮川橋
- 横浜ゴム
- 宮町駅
- 山田上口駅
- 伊勢河崎
- 河崎

C

1
- 小俣町宮前
- 宮前
- 宮川
- 草奈伎神社
- 大間国生神社
- 清野井庭神社
- 吹上
- 英心高校
- 度会橋西詰
- 川端町
- 37
- 中島
- 22
- 常磐
- 宮町　宮町
- 伊勢市駅
- 地蔵院卍
- 尾崎咢堂記念館
- 打懸神社
- 大河内神社
- 志等美神社
- 図書館
- 月夜見宮
- 岩渕
- 37
- 外宮参道
- 伊勢
- 二見街道入口
- 宇治山田駅
- 中須町
- 宇治山田高校
- P.38 豊受大神宮(外宮)
- 伊勢市役所
- 岩渕町
- 伊勢郵便
- 宮川
- 浦口
- 常磐町
- せんぐう館
- P.6
- 尾上町
- 津島神社
- P.156 伊勢市観光案内所
- 岡本
- 卍世義寺
- 豊川町
- 高倉山
- 浦口町
- やすらぎ公園
- 伊勢西IC

2
- 22
- 大倉町
- 二俣町
- 辻久留町
- 旭町
- 伊勢自動車道
- 桜木町
- 32
- 前山町
- 藤里町
- 勢田町
- 養命神社

河崎

0　50　100m

N

- 吉王稲荷
- 船江上社
- 河原淵神社
- 朧ヶ池
- 神久(5)
- 勢和多気Jct
- ミタス伊勢
- 船江
- 船江(2)
- 有縄公園
- 築地公園
- 船江(1)
- 旭通
- 有縄小学校
- P.102 伊勢河崎商人館
- 船江公園
- 201
- 吉家稲荷神社
- 北新橋
- 勢田川
- 鼓ヶ岳
- 河崎
- 河崎五前
- 中橋
- キャッスルイン伊勢 H
- 宇治今在家町
- 河崎(1)
- 河崎郵便局
- P.102
- 神久(3)
- P.103 町家とうふ
- 茶房 河崎蔵
- 河崎町東
- 旭公園
- 古本屋ぽらん P.103
- 神久

3
- 伊勢市
- 河崎(2)
- 南新橋
- 河崎(3)
- 神久(1)
- 英心高校
- 伊勢工業高校
- 神久(2)
- 伊勢市駅北口
- 中谷武司協会 P.103
- H 伊勢シティホテルアネックス
- 汐湯・おかげ風呂館 旭湯
- H 伊勢パールピアホテル
- ぎゅーとら
- 吹上(2)

A　B　C

4

0　50　100m

多気駅　松阪駅　B

C

伊勢うどんのまめや

川辺公園

宮後(2)

中寺前公園

A

月夜見宮 P.95

宮後1丁目

1

近鉄山田線

⊗厚生小学校

伊勢市

宮後(1)

参宮線

伊勢市駅

宇治山田駅

厚生公園

三交イン　駅前⊖

P.55 AMAMILIVING

伊勢市駅

伊勢市駅

伊勢市駅

本町

本町1丁目

P.50 伊勢市駅手荷物預かり所

37

伊勢神泉

伊勢市駅前

世木神社

二見浦駅

P.51 三ツ橋ぱんじゅう

三吉稲荷神社

日の出旅館

P.53 ひごと

地物海鮮料理 伊勢網元食堂 P.53

コンフォートホテル伊勢

外宮参道 P.50〜55

吹上

2

伊勢菊一 P.51

吹上町

P.50 おいせさん 外宮本店

mirepoix P.30

吹上(1)

山田館

P.50 山村みるくがっこう 外宮前店

匠の一座 本店 P.51

若松屋 外宮前店

伊勢角屋麦酒 外宮前店

外宮北

豚捨 外宮前店 P.53

P.52 あそらの茶屋

木下茶園 外宮前店 P.54

P.83 赤福外宮前店

外宮前郵便局

岩渕(1)

P.54 21時にアイス 伊勢店

フランス料理 ボンヴィヴァン P.30

P.50,156 外宮前観光案内所

旧山田郵便局電話分室

シティプラザ

中部電力

外宮前

ダンデライオン・チョコレート P.55

外宮前

伊勢税務署

伊勢市役所

伊勢市役所前

斎宮

22

法務合同庁舎

せんぐう館 P.45,46

裁判所

3

豊受大神宮(外宮)P.38

豊川茜稲荷神社

岡本(1)

勾玉池

32

御池

岡本1丁目

祖霊社

A

大国玉比売神社

B

明倫小学校

C

⊗

D　宇治浦田(2)

23

E

F

宇治浦田(1)

猿田彦神社 P.100

宇治浦田西

32

猿田彦神社前

お伊勢まいり資料館

P

赤福五十鈴川店 P.83
五十鈴茶屋五十鈴川店

1

野あそび棚 P.71

五十鈴公園

P.10伊勢くすり本舗

猿田彦神社前

浦田町

宇治浦田東

P.28,71えび勢

浦田町

宇治浦田町

浦田橋

32

競技場前

宇治浦田町

P.91くみひも平井

手こね茶屋本店

P.78
伊勢志摩名産処 宝彩

P.70やきもの泰二郎

P.22,66~73
おはらい町&おかげ横丁

P.88名物へんば餅 おはらい町店

23

神宮道場

五十鈴川

伊勢市
宇治館町

五十鈴川郵便局

藤屋窓月堂
おはらい町本店 P.70,89

P.70伊勢茶 翠

神宮会館前

P.73おかげ横丁 もくとん

横丁いかだ荘

伊勢醤油本舗 P.73,75

P.91神路屋

五十鈴茶屋本店 P.86,93

おかげ座 神話の館

赤福本店別店舗 P.83

P.41 神宮会館 H

P.72いすゞ田楽

赤福本店 P.82,85,88

P.73横丁焼の店

おみやげや P.93

P.72伊勢クレープ

新橋

もめんや藍 P.93

P.69,84伊勢萬 内宮前酒造場

すし久 P.76,84

715

P.77海老丸

虎屋ういろ 内宮前店 P.89

P.72豚捨

だんご屋 P.69

五十鈴川カフェ P.87

P.77手こね茶屋 おはらい町中央店

715

他抜き だんらん亭 P.91

P.80松阪牛炭火焼肉 伊勢十

伊勢・磯揚げまる天 P.68

P.79浜与本店 内宮前店

松治郎の舗 伊勢おはらい町店 P.68

P.69お伊勢屋本舗

豆腐庵 山中 P.68

P.17着物レンタル夢小町

山村みるくがっこう 内宮前店

伊勢角屋麦酒 内宮前店 P.67,78,88

伊勢研修館

茶房 太助庵 P.87

魚春 五十鈴川店 P.91

宇治中之切町

岡田屋 P.75

P.10スターバックス コーヒー 伊勢 内宮前店

松阪まるよし 伊勢おはらい町店 P.81

伊勢プリンの鉄人 P.67

青少年研修センター

まるごと果汁店 P.67

木下茶園 内宮前店 P.10

伊勢うどん奥野家 P.75

合格神社

P.88勢乃國屋

P.89岩戸屋

ゑびや商店 あわび串屋台 P.66

賓土橋姫神社

ゑびや大食堂 P.79

ゑびや商店 P.91

内宮前

岩戸屋 物産店

伊勢牛若丸 P.66

P.89太閤出世餅

赤福 内宮前支店 P.83

二光堂 寶来亭 P.66,81

旧林崎文庫

神宮司庁

宇治今在家町

宇治橋鳥居

宇治橋

12

子安神社 大山祇神社

D

E

内宮

F

P.101
宇治神社(足神さん)

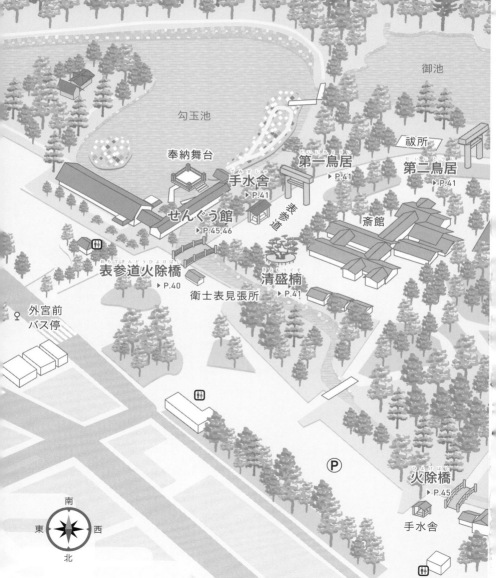

外宮 豊受大神宮 MAP ▶ P.38

御池

勾玉池

奉納舞台

手水舎
▶ P.41

せんぐう館
▶ P.45.46

祓所

第一鳥居
▶ P.41

第二鳥居
▶ P.41

斎館

表参道火除橋
▶ P.40

衛士表見張所

清盛楠
▶ P.41

外宮前
バス停

P

火除橋
▶ P.45

手水舎

南
東　西
北

多賀宮
▶P.43

風宮
▶P.44

土宮
▶P.44

御池

亀石
▶P.43

四至神
▶P.44

三ツ石
▶P.42

板垣南御門

九丈殿・五丈殿
▶P.44

別宮遙拝所
▶P.42

南宿衛屋

外玉垣南御門

神楽殿
▶P.42

東宝殿

西宝殿

古殿地

御饌殿
▶P.44

御正殿

外幣殿

忌火屋殿

正宮
▶P.43

北御門鳥居
▶P.45

（北御門参道）

御厩
▶P.45

衛士裏見張所

Ⓟ

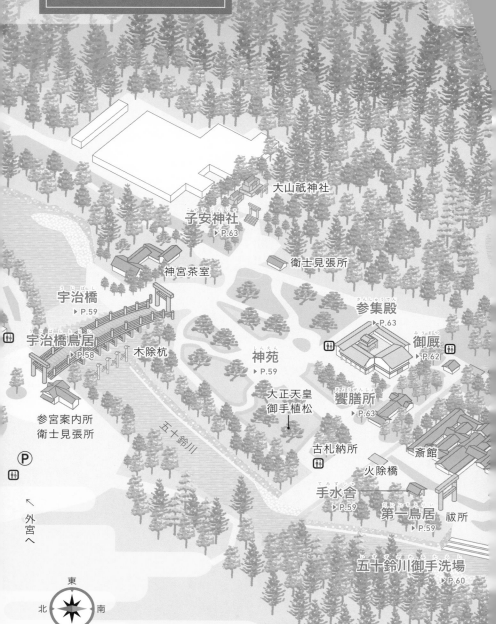

内宮 皇大神宮 MAP ▶P.56

大山祇神社

子安神社
▶P.63

衛士見張所

神宮茶室

宇治橋
▶P.59

参集殿
▶P.63

御厩
▶P.62

宇治橋鳥居
▶P.58

木除杭

神苑
▶P.59

大正天皇
御手植松

饗膳所
▶P.63

斎館

参宮案内所
衛士見張所

五十鈴川

古札納所

火除橋

手水舎
▶P.59

第一鳥居
▶P.59

祓所

P

外宮へ

五十鈴川御手洗場
▶P.60

東
北　　南
西

10

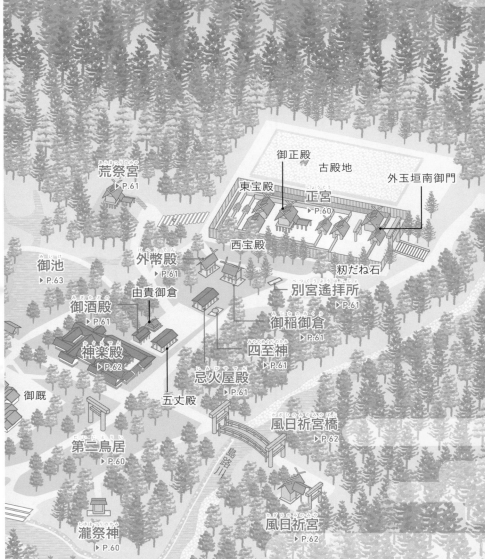

御正殿
古殿地
外玉垣南御門
東宝殿
正宮
▶P.60
荒祭宮
▶P.61
西宝殿
籾だね石
御池
▶P.63
外幣殿
▶P.61
別宮遥拝所
▶P.61
由貴御倉
御酒殿
▶P.61
御稲御倉
▶P.61
神楽殿
▶P.62
四至神
▶P.61
忌火屋殿
▶P.61
御厨
五丈殿
風日祈宮橋
▶P.62
第二鳥居
▶P.60
瀧祭神
▶P.60
風日祈宮
▶P.62

鳥羽中心

N

0 100 200m

浜辺浦

伊良湖

鳥羽国際ホテル

1

鳥羽国際ホテル
潮路亭

P.114
鳥羽湾めぐりとイルカ島
P.113鳥羽マリンターミナル

鳥羽湾

佐田浜港

浜離宮

鳥羽運輸総合庁舎

坂手島

伊勢市駅

近鉄鳥羽線

戸田家

参宮線

佐田浜
西公園

鳥羽みなとまつり

海女大漁料理 秀丸 P.122

伊勢市駅

42

佐田浜第1駐車場

鳥羽三女神お願いごと代理受付所 P.117

かもめレンタサイクル P.156

伊勢市

鳥羽1番街

鳥羽駅

鳥羽マルシェ P.126

なごみの宿
ホテル和光

観光案内所

佐田浜
東公園

鳥羽市
鳥羽(1)

鳥羽さざえストリート

日和山

日和山展望台

錦浦館

2

鳥羽マリンパーク

海月

P.31 Cuccagna

P.121海女小屋 鳥羽 はまなみ

賀多神社

P.28 蓮 鳥羽店

真珠島・水族館前
観光船乗り場

真珠博物館

妙性寺

海女スタンド

本照寺

大山祇神社

P.115ミキモト真珠島

パールショップ

江戸川乱歩館

鳥羽城跡 城山公園

御木本幸吉記念館

常安寺

鳥羽(2)

市民文化会館

TOBAパールタウン

鳥羽港

鳥羽市役所

天真寺

光岳寺

鳥羽水族館 P.108

済生寺

ブランカ本店 P.126

42

鳥羽(3)

鳥羽フェリーターミナル

鳥羽 扇野の里
扇芳閣

鳥羽水族館南

近鉄志摩線

湯めぐり海百景
鳥羽シーサイドホテル

金胎寺

167

3

中之郷

安楽島町

鳥羽町

中之郷桟橋

加茂川

鳥羽郵便局

志摩赤崎駅

鳥羽展望台

鳥羽望台

伊勢志摩スカイライン

鳥羽駅 D

行者山

P.124 てらこやCafe

167 船津駅

中央公園

鳥羽高校

鳥羽道

船津町

高丘町

安楽島海水浴場 E

伊勢海老 海鮮蒸し料理 華月 P.29

& BAKE P.125

お食事処 むつみ P.121

エクシブ鳥羽本館

大村島

F パールロード

0 0.5 1km

石鏡島

N

漁師めし みなと食堂 P.121

エクシブ鳥羽アネックス

Ciao P.124

白浜海水浴場

白瀧モリノチャヤ P.125

黒潮ダイニング

P.119 鳥羽市立海の博物館

大江戸温泉物語TAOYA志摩

P.117 彦瀧大明神(彦瀧さん)

極楽寺

P.121

麻倉島

生浦湾

石鏡町

石鏡神社 1

岩倉町 加茂駅

P.123 丸善水産

浦村町

石鏡温泉

第二伊勢道路

河内川

鳥羽警察署

松尾町

167

松尾駅

鳥羽南・白木IC

白木駅

近鉄志摩線

P.26 麻生の浦大橋

鳥羽市

128

浦村湾

春雨川

御宿ジ・アース

苔ヶ瀬川

P.26 鳥羽展望台

P.26 パールロード

国崎町

海士潜女神社

鎧崎

青峰山正福寺

鈴木川

47

パールロード

750

浅間山

128

面白展望台 P.26

千賀町

P.116 神明神社(石神さん)

P.118 海女小屋はちまんかまど

千鳥ヶ浜海水浴場 2

海女の家 五左屋 P.126

相差海女文化資料館 P.119

磯部町山田

47

堅子町

あさりヶ浜海水浴場

鯨崎

民宿 なか川 P.149

相差町

菅崎

伊勢志摩カントリークラブ

的矢湾

磯部町的矢

的矢湾大橋北

ホテル&リゾーツ伊勢志摩

P.26 的矢湾大橋

いかだ荘 山上 P.142

展望台

志摩市運航船的矢のりば

渡鹿野園地

安乗埼灯台資料館

安乗埼灯台 P.131

磯部町飯浜

16

128

的矢かきテラス P.10

志摩市運航船三ヶ所のりば

渡鹿野島

P.143

あのりふぐ料理 まるせい

安乗神社

安乗寺

P.132 志摩スペイン村

伊勢志摩温泉 志摩スペイン村 ひまわりの湯

ホテル志摩スペイン村

750

パールビーチ

渡鹿野島渡船のりば

阿児町安乗

安乗シーサイドホテル

伊雑ノ浦

磯部町三ヶ所

和田船着場

渡鹿野島対岸 渡船のりば

514

大日堂

磯部町坂崎

260

パールロード

61

志摩市

志摩国分寺

志摩パークゴルフ場

SHEVRON CAFE P.145

3

太平洋

おとや P.29

阿児町国府

国府神社

プティレストラン宮本 P.31

鵜方駅

志摩市役所 D

賢島駅 260

514

阿児町国府

国府白浜

61

阿児の松原海水浴場 E

F

13

D

野
山田川
磯部町山田 47

上之郷駅

磯部町飯浜　P.26 的矢湾大橋
的矢湾大橋北
展望台
ホテル&リゾーツ 伊勢志摩

P.10 的矢かきテラス

H 伊勢志摩エバーグレイズ P.151

穴川駅

H Cafe Jack P.145
伊雑ノ浦

志摩スペイン村 P.132

ホテル志摩スペイン村 H

土橋

磯部町坂崎 128

パールロード

後沖川

近鉄志摩線

志摩横山駅
浜口
おとや P.29
Bicycle Journey P.156
賢島口
鵜方駅
プティレストラン宮本 P.31
17
ふるさと公園

H グランドーム伊勢賢島 P.151
志摩神明駅

美食の隠れ宿 プロヴァンス P.148

湯快リゾート 志摩彩朝楽

賢島
賢島 宝生苑 H
賢島駅
西山慕情ヶ丘 P.141
横山島
賢島エスパーニャクルーズ P.133
Cafe Entrada P.144
志摩観光ホテル ザ クラシック H
H 志摩観光ホテル ザ ベイスイート P.33

天童島

間崎島
志摩自然学校 P.134
ともやま公園 P.140

次郎六郎海水浴場

H 都リゾート 奥志摩
アクアフォレスト P.33

志摩大橋(パールブリッジ)

志摩町布施田
P.11
H グランピングヴィレッジTHANS

志摩丸山橋西
志摩町片田
志摩丸山橋
大野浜

総合スポーツ公園

麦崎

E

P.118 海女小屋はちまんかまど
あさりヶ浜海水浴場

堅子町

伊勢志摩カントリークラブ

磯部町的矢

いかだ荘 山上 P.142

渡鹿野園地

渡鹿野島
P.143あのりふぐ料理 まるせい
パールビーチ

卍 大日堂

志摩国分寺卍

国府神社

阿児町国府

514

志摩市役所

長沼運動公園

260
立神口

珂夫賀神社

阿児町甲賀

61

阿児町志島
Kabuku Resort P.11
市後浜

大王町畔名

阿児町立神

大王町波切

小成滝

大王町名田

成滝

大王町船越

船越海水浴場

260

深谷大橋

深谷水道

麦崎灯台

F

鯨崎

相差町

菅崎

P.131
安乗埼灯台
安乗埼灯台資料館

安乗神社 卍

阿児町安乗

SHEVRON CAFE P.145

志摩パークゴルフ場

国府白浜

阿児の松原海水浴場

太平洋

城の崎

波切漁港

STOP BY JOE P.10

大王埼灯台 P.141
大王埼灯台ミュージアム

1

2

3

N

志摩
0　　0.5　　1km

食べるべき伊勢志摩グルメはこれ！

グルメカタログ

古くからお伊勢参りで親しまれているご当地グルメから、鳥羽・志摩の海でとれる海産物までよりどりみどり！
伊勢エビや松阪牛などの特選素材も味わってみたい。

`FOOD`

伊勢うどん

やわらか麺が
クセになる

江戸時代にお伊勢参りの定番ランチとして定着。極太麺を醤油ベースのタレに絡めて食べる。

手こね寿司

NICE

カツオを使った漁師料理。ヅケにしたカツオをご飯にのせたもの。昔は手でこねたことからこの名に。

松阪牛

焼き肉、ステーキ、
牛丼とメニューは
豊富

松阪や伊勢など特定の生産地域で飼育される黒毛和牛のブランド。サシがバランスよく入った霜降りはとてもやわらか。

伊勢エビ

縁起物として重宝される大型のエビ。刺身や焼きなどが一般的だが煮物などアレンジ自在。旬は11〜12月。

アワビ

コリコリの
食感だよ

伊勢神宮にも献上される高級食材。黒アワビと赤アワビがあり、黒のほうが高級。漁期は1月1日〜9月14日。

海鮮丼

鳥羽や志摩の名物のひとつが地魚を使った海鮮丼。10種類前後のネタを見た目も美しくのせるのが地元流。

カキ

♪♫

夏は岩ガキ、冬には真ガキの食べ放題が人気。有名な品種は鳥羽の浦村かきと志摩の的矢かき。

貝焼き

アワビも
オーダー可能

鳥羽や志摩では、再現した海女小屋で海女さんがとったサザエやヒオウギ貝、伊勢エビなどを炭火焼きで食べられる。

あのりふぐ

都市部よりも
割安

志摩の安乗崎周辺でとれる最高級の天然トラフグ。10〜3月のみ味わえる希少な味だ。

`SWEETS`

赤福餅

伊勢といえば
コレ！

300年以上の歴史を誇る赤福の看板商品。餅にあんこをのせた赤福餅は、本店ではできたてが味わえる。

伊勢茶スイーツ

伊勢茶を使ったスイーツが楽しめるカフェが急増。伊勢抹茶きな粉白玉、パフェやケーキなど種類も豊富。

かき氷

"映える"
かき氷も
登場

伊勢志摩ではかき氷が大ブーム！夏になると各店自慢のかき氷がメニューに登場する。

旅が最高のハレになる

伊勢 志摩
ISE SHIMA

本書をご利用になる前に

【データの見方】

- ♠ 住所
- ☎ 電話番号
- ◉ 営業時間※飲食店は開店〜閉店時間(LOはラストオーダーの時間)を記載しています。施設は最終入館時間の表示がある場合もあります。原則として通常営業時の情報を記載しています。
- ◉ 年末年始などを除く定休日

- ◉ 大人の入場料、施設利用料
- ◎ 最寄り駅、バス停などからの所要時間
- 🚗P 駐車場の有無または台数※有料の場合は(有料)と表記
- 料金 宿泊料金
- IN チェックイン時間　OUT チェックアウト時間
- ▶MAP　別冊地図上での位置を表示

伊勢 志摩でしたい71のこと

取り外せる
詳細MAPも!

☑ やったことにCheck!

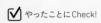

BEST PLAN

- ☐ 01 夢を叶えるエリアをリサーチ ………… 4
- ☐ 02 伊勢 志摩を200%楽しむ ………… 6
- ☐ 03 HARETABI NEWSPAPER ………… 10
- ☐ 04 伊勢 志摩「4つ」の事件簿 ………… 12

HIGHLIGHT

- ☐ 01 いざ、伝統のお伊勢参りへ ………… 14
- ☐ 02 伊勢神宮の四季に思いを巡らす ……… 18
- ☐ 03 おかげ横丁＆おはらい町でしたい
  6のコト! ………… 22
- ☐ レトロな町並みで記念撮影!
- ☐ テイクアウトグルメでちょい食べ三昧☆
- ☐ かわいい和雑貨＆手みやげをお買い物
- ☐ 幸運を呼ぶ招き猫を探す
- ☐ 日本の伝統芸能に触れる
- ☐ 季節のイベントで盛り上がる!
- ☐ 04 絶景ドライブで気分爽快!
  - ☐ 伊勢志摩スカイライン ………… 24
  - ☐ パールロード ………… 26
- ☐ 05 伊勢エビ＆アワビに溺れる ………… 28
- ☐ 06 ビストロでスローフードランチ ……… 30
- ☐ 07 オーシャンビューの
  ホテルにうっとり♡ ………… 32
  COLUMN
- ☐ 伊勢 志摩で見つけた
  お守りコレクション ………… 34

开 伊勢・二見

- ☐ 伊勢・二見早わかり! ………… 36
- ☐ お参りは外宮から! ………… 38
- ☐ 外宮60分参拝コースへ ………… 40
- ☐ せんぐう館に潜入! ………… 46
- ☐ 博物館で歴史と文化に触れる ………… 47
- ☐ 外宮参道で食べる、買う ………… 50
- ☐ 外宮参道で名物グルメ! ………… 52
- ☐ 素敵カフェで"映え"スイーツ♡ ………… 54
- ☐ 天照大御神を祀る内宮 ………… 56
- ☐ 内宮をじっくりお参り90分 ………… 58
- ☐ おはらい町で食べ歩き! ………… 66
- ☐ おかげ横丁のテイクアウト ………… 72
- ☐ 名店の伊勢うどんを食べ比べ ………… 74
- ☐ 伝統の手こね寿司を堪能 ………… 76
- ☐ 5つの魚介でまんぷく! ………… 78
- ☐ 松阪牛に食らいつく ………… 80
- ☐ 赤福を極める。 ………… 82
- ☐ 茶屋カフェでくつろぐ ………… 86
- ☐ 伝統和菓子をプロファイル ………… 88
- ☐ 普段使いOKな和雑貨を買う ………… 90
- ☐ おかげ犬グッズをコレクション! ………… 92
- ☐ 伊勢神宮の別宮にお参り ………… 94
- ☐ 夫婦岩でお清め＆縁結び ………… 98
- ☐ 猿田彦神社で道を開く! ………… 100
- ☐ 蔵の町、河崎をおさんぽ ………… 102
- ☐ 賓日館の伝統建築にうっとり ………… 104

CUTE!

鳥羽

志摩

STAY

読めば快晴 ハレ旅STUDY

どこで何ができるの？
夢を叶えるエリアをリサーチ

伊勢 志摩は、伊勢市、鳥羽市、志摩市などにまたがるエリアの通称。
それぞれのエリアの位置関係を押さえて、効率よく回ろう！

タウン別パロメータ

これを見れば何がイチオシか早わかり！
エリアの特性をつかもう。

🎵 遊ぶ　✨ 磨く
🛒 買う　📷 観光する
🍴 食べる

ISE SHIMA MAP

観光スポットは伊勢・二見、鳥羽、志摩に点在。各エリア間は車で30分〜1時間ほど。

二見興玉神社
（夫婦岩）

近鉄山田線
松阪へ
南勢バイパス
伊勢・二見
二見浦駅
伊勢市駅
伊勢一二見鳥羽ライン
JR参宮線
伊勢IC
二見JCT
伊勢神宮
伊勢西IC
近鉄鳥羽線
伊勢自動車道
伊勢志摩スカイライン
伊勢市
志摩市
志摩
英虞湾クルーズ

お伊勢参りはここへ
伊勢・二見
いせ ふたみ
→P.35

伊勢志摩観光の玄関口であり、旅のハイライトとなる伊勢神宮があるのがここ。内宮のそばにあるおはらい町＆おかげ横丁は人気のグルメ＆ショッピングスポット。海沿いにある二見は、古くからの禊の場所。見どころは二見興玉神社（夫婦岩）や賓日館など。

まずは伊勢神宮参りへ

おかげ横丁には、伊勢 志摩のグルメがなんでも揃う

伊勢志摩国立公園の中心
志摩
しま
→P.127

伊勢志摩国立公園に属し、美しいリアス海岸が広がる。展望台やカヌー、クルーズなどのアクティビティで英虞湾の絶景を堪能したい。エリア内は車で回るのがベター。休憩にはシーサイドのカフェがおすすめ。的矢かきやあのりふぐなどのブランド魚介にも注目。

wow!

伊勢エビなどの特選グルメを味わって！

横山天空カフェテラス（横山展望台）から英虞湾を望む

知っ得 伊勢志摩の 基礎知識	🚢 東京から	3時間〜（→P.152）	🚗 主な交通手段	バス、レンタカー＆マイカー、電車（→P.154）
	🚢 大阪から	1時間45分〜（→P.152）	💬 言語	近畿方言（三重弁、伊勢弁、志摩弁など）
	🚢 名古屋から	1時間20分〜（→P.152）	🏠 景観	家を守る注連縄（しめなわ）が多くの家の玄関にある

0　　　3km　Ｎ

答志島

鳥羽水族館

鳥羽駅　菅島

近鉄志摩線

鳥羽市

パールロード

鳥羽

鵜方駅

賢島駅

志摩バイパス

ホテル選びのコツ

伊勢ではビジネスホテル、鳥羽や志摩では海を望むリゾートや豪華な温泉旅館をチョイス。最近ではグランピング施設も増えており、人気を呼んでいる。

人気グランピング施設、グランオーシャン伊勢志摩

真珠で有名な海と島々

鳥羽
とば

→P.105

鳥羽湾に面した港町。漁港がいくつもあり、海の幸グルメが楽しめる。周辺に浮かぶ離島めぐりやクルーズなどの船旅もおすすめ。志摩へと続くパールロードには、冬になるとカキ食べ放題の店が並ぶ。女性の願いを叶えると人気の神明神社（石神さん）もここに。

女性に大人気の石神さん

ジュゴンやスナメリがいる鳥羽水族館

伊勢 志摩で押さえるべきキホン

①外宮と内宮は　約4km離れている

伊勢神宮は外宮と内宮があり、外宮にお参りしてから内宮へ行くのが慣わし。外宮から内宮へはバスやタクシーなどが利用できる。

②伊勢から賢島までは　約30km

伊勢から英虞湾に浮かぶ賢島まで県道32号と国道167号線を利用すれば所要約45分と案外近い。しかし、カーブが多いので運転に注意。

③車で神宮に行くなら　駐車場を確保

内宮周辺には8カ所もの駐車場があるが、近いところから満車になる。特に週末は早めに行っていい場所を確保するのがおすすめ。

④中心地を離れると　飲食店が極端に少なくなる

鳥羽はJR・近鉄鳥羽駅周辺、志摩は近鉄鵜方駅周辺に店が集まり、離れるほどに店の数は少なくなる。ランチの時間を考えてプランを立てたい。

王道2泊3日のモデルコースで
伊勢 志摩を200%楽しむ

伊勢神宮参拝と
おはらい町＆おかげ横丁

初日は伊勢神宮へお参り。伊勢市駅を拠点に、外宮と内宮の両方へ行こう。参拝後はおはらい町＆おかげ横丁へ。

1日目

AM

9:00 伊勢市駅

徒歩
約5分

9:10
豊受大神宮
（外宮）
→P.38
＜所要約1時間＞

徒歩
約1分

10:10
外宮参道
＜所要約30分＞

衣 伊勢木綿
→P.50

山村みるくがっこう
外宮前店
→P.50

バス
約15分

11:30
皇大神宮（内宮）
→P.56
＜所要約1時間30分＞

徒歩
約1分

PM

1:00
おはらい町＆
おかげ横丁
＜所要約3時間＞

食べ歩き
→P.66

ふくすけ
→P.74

赤福本店
→P.82

SIGHTSEEING
何はともあれ伊勢神宮。
まずは外宮へ

JR・近鉄伊勢市駅から参道を抜け、伊勢神宮の外宮へ。正宮はもちろん、別宮までしっかりとお参り。

SHOPPING ・ TAKEAWAY
外宮参道で食べる、買う

外宮の参道に戻って散策。かわいい小物を扱うショップをのぞいて、名物グルメやスイーツでひと休み。

山村みるくがっこうのプリンソフト

SIGHTSEEING
バスで移動し、内宮にお参り

バスに乗って、伊勢神宮の内宮へ。外宮よりも見どころはたくさん。たっぷり時間をとろう。

LUNCH ・ SHOPPING
おはらい町＆おかげ横丁を
ぶらぶら歩き

内宮そばのおはらい町とおかげ横丁は、伊勢きってのグルメタウン。かの赤福の本店もここにある。

宇治橋を渡り、神域へ

伊勢といえば赤福餅
江戸時代から、参拝後のランチには伊勢うどん

POINT
買い物はおはらい町＆
おかげ横丁で
食べ物から雑貨まで、あらゆる店が集まる。おみやげはここでまとめて購入しよう。

POINT
外宮～内宮への移動
バスは1時間に2～4便あるが、日中はかなり混雑する。急ぐなら、タクシーで。

旅を最大限に楽しむためには、どこをどういう順番で回るかのスケジュールが重要。参考モデルコースはこちら。

伊勢 志摩のめぐり方

1日目、伊勢神宮をはじめとする伊勢市内は徒歩やバスで回ろう。鳥羽や志摩へは鉄道があるものの、路線も本数も限られているので、2、3日目はマイカーまたはレンタカーを利用するのがおすすめ。伊勢と鳥羽だけなら、CANばす（→P.154）も便利。

伊勢志摩スカイラインで鳥羽へ移動！

2日目は鳥羽へ。大人気の水族館や真珠の歴史や美しさに触れる、楽しみ満載の一日を過ごそう。

2 日目

`DRIVE`
伊勢志摩スカイラインをドライブ

伊勢と鳥羽を結ぶドライブウェイ、伊勢志摩スカイライン。山頂にある展望台から絶景が望める。

`POINT`
レンタカーは伊勢市駅で

伊勢市駅周辺には有名レンタカー会社のオフィスがある。繁忙期は早めの予約を。

空海ゆかりの古刹、朝熊岳金剛證寺

`LUNCH`
お食事処 むつみでゴージャス海鮮丼！

JR・近鉄鳥羽駅に着いたら、周辺の飲食店でランチを。おすすめは地魚満載の海鮮丼。

`SIGHTSEEING`
日本最大級のトバスイへ

海沿いに立つ巨大水族館へ。カラフルな熱帯魚を見学し、ジュゴンやスナメリに癒されよう。

`SIGHTSEEING`
ミキモト真珠島で真珠に魅せられる

鳥羽の海は、真珠の海。ミキモト真珠島は、博物館やアトラクションで真珠のすべてを学べる島。

真珠アクセも購入可能

`POINT`
港周辺を歩く
鳥羽水族館と鳥羽マルシェは、歩いても10分程度の距離。海沿いを歩いて行ける。

`SHOPPING`
鳥羽マルシェでおみやげ探し

ラストは鳥羽ならではのおみやげ探し。港そばの鳥羽マルシェには、地元の味覚がずらり。

地魚の直売も

かきのオイル漬けや浜煮

オリジナルのマルシェカレー

AM

9:30　伊勢市駅
🚗 車
約15分

9:45
伊勢志摩
スカイライン
→P.24
＜所要約1時間＞

┃ 朝熊岳金剛證寺
┃ →P.25

┃ 朝熊山頂展望台
┃ →P.25

🚗 車
約10分

11:30
鳥羽駅周辺
お食事処 むつみ
→P.121

🚗 車
約8分

PM

1:00
鳥羽水族館
→P.108
＜所要約2時間＞

🚗 車
約5分

3:00
ミキモト真珠島
→P.115
＜所要約1時間30分＞

🚗 車
約5分

4:30
鳥羽マルシェ
→P.126
＜所要約30分＞

🌱 伊勢志摩スカイラインはスマホで公式サイトの割引券を提示すると約20％割引になる。

3 日目

AM

8:30　鳥羽駅周辺

車
約15分

8:45
パールロード
→P.26
＜所要約1時間＞

└鳥羽展望台
→P.26

車
約10分

10:00
横山天空カフェ
テラス
（横山展望台）
→P.130
＜所要約30分＞

車
約15分

11:30
賢島エスパーニャ
クルーズ
→P.133
＜所要約50分＞

車
約30分

PM

1:00
海女小屋体験施設
さとうみ庵
→P.143
＜所要約1時間30分＞

車
約20分

5:00
ともやま公園
→P.140
＜所要約1時間＞

志摩の絶景ビューと英虞湾クルーズ

最終日はリアス海岸を見下ろす絶景展望台をはしご。ランチは海女小屋でとれたて海鮮BBQを堪能しよう。

DRIVE

パールロードを走り志摩へ

鳥羽から志摩へは、森の中を走るパールロードをドライブ。途中には絶景スポットとして有名な鳥羽展望台がある。

POINT

冬はカキ小屋がオープン！

パールロード沿いには、冬には浦村かきを味わえるカキ小屋がオープンする。

SIGHTSEEING

横山天空カフェから絶景ウォッチ

パールロードを抜けたら横山展望台へ。展望台併設のカフェで、英虞湾を眺めながら休憩しよう。

SIGHTSEEING

賢島エスパーニャクルーズで英虞湾ぐるり

展望台から英虞湾を見たあとは実際に湾内をクルージング。大航海時代を思わせる船も楽しい。

LUNCH

海女小屋で貝焼きBBQランチ

今も海女さんたちが活躍する志摩では、海女小屋での海鮮BBQが人気。海女さんの話も聞ける。

POINT

クルーズ出発時間

毎時30分の出発（12:30を除く）。出航の20分くらい前には港に到着しておきたい。

※スケジュールは公式サイトでチェック

POINT

日没時間をチェック

夏と冬で日没時間が違う。夏はともやま公園へ行く前に、大王埼灯台などを観光しよう。

SIGHTSEEING

ともやま公園で英虞湾に沈む夕日を見る

ラストは、夕日ウォッチング。オレンジの光の中、島々が黒いシルエットとなって浮かび上がる海岸は感動の美しさ。

もっと行きたい！神秘のパワスポ

伊勢神宮以外にも多くの神社がある。それぞれにご利益があるので、回ってみては。

伊勢 猿田彦神社
→ P.100

内宮から徒歩圏内。"道開きの神"と呼ばれる猿田彦大神を祀る。新たなスタートを控える人はぜひ。

鳥羽 神明神社
（石神さん）
→ P.116

境内社に石神さんがある。女性の願いを1つ叶えてくれるそう。

伊勢 二見興玉神社
（夫婦岩）
→ P.98

かつて神宮参拝前の禊で使われた場。夫婦岩は、縁結びと夫婦円満の聖地。

志摩 天の岩戸
→ P.139

天照大御神が閉じこもったとされる岩穴。周辺には神社があり、参拝もできる。

フェリーで鳥羽の離島へ

鳥羽の港から、フェリーで離島へ。大小4つの島に渡れるが、おすすめは神島。

神島フェリー乗り場

神島
→ P.112

三島由紀夫の小説『潮騒』の舞台へ。南東部にあるカルスト地形は、島を代表する観光スポット。小さな島なので、2時間もあれば一周できる。

志摩の
地中海テーマパークへ

志摩には、ユニークな2つのテーマパークがある。どちらもリゾート気分に浸れる。

志摩
スペイン村
→ P.132

スペインをテーマとした総合リゾート。スペイン各地の町を再現した町並みがきれい。アトラクションやレストラン、温泉もある。

志摩
地中海村
→ P.133

イタリアやギリシャなど、地中海沿岸地域を再現したテーマパーク。カラフルな町並みが"ひたすら映える"と話題に。

ハレ旅
ISE SHIMA

HARETABI NEWSPAPER

おはらい町のカフェ、郊外にオープンしたVISONなどがホットなスポット。志摩には海が眺められるカフェや、海辺のグランピング施設がオープン。

EAT

おはらい町にオープンした話題のカフェをチェック！

内宮参拝の立ち寄り和カフェ

江戸時代の町並みを再現したおはらい町に、スターバックス コーヒーや、人気の木下茶園、伊勢くすり本舗の店舗＆カフェがオープン。神宮参拝がますます楽しみに！

抹茶スイーツでひと休み

2022年 6月OPEN

木下茶園 内宮前店
きのしたちゃえん ないくうまえてん

伊勢抹茶やほうじ茶を使った和スイーツが人気の店。もちもちの自家製白玉に抹茶や黒蜜をかけた白玉のセットメニューがイチオシ。外宮前店→P.54。

🏠伊勢市宇治今在家町18
☎080-1589-4441 ⏰10:30～16:30
㊡水曜 🚌バス停内宮前から徒歩2分
🚗Pなし おはらい町 ▶MAP 別P.7E-3

抹茶やほうじ茶を使ったフローズンやラテも人気

1.2店内1階には江戸時代の商店からインスピレーションを受けたというバーカウンター、2階には3つの客席スペースがある 3抹茶 クリーム フラペチーノ®525円～

2021年 3月OPEN

2フロアからなる和の空間

スターバックス コーヒー 伊勢 内宮前店
スタバックス コーヒー いせ ないくうまえてん

おはらい町の町並みになじんだ外観。三重県産の木材や小屋組の、木のぬくもりあふれる店内からは町並みや山々が眺められ、コーヒーの香りに包まれてホッとひと息つける。

🏠伊勢市宇治今在家町中賀集楽37-4
☎0596-72-8026 ⏰8:00～17:00
㊡不定休 🚌バス停神宮会館前から徒歩4分
🚗Pなし おはらい町 ▶MAP 別P.7E-3

生薬を使った体に優しいスイーツ

2022年 1月OPEN

伊勢くすり本舗
いせくすりほんぽ

江戸時代からの伝統薬「萬金丹」で知られる伊勢くすり本舗の新店舗。カフェではナチュラル素材を使ったハーブティやジェラートを楽しめる。話題の萬金コーラ400円は和漢植物など10種類を配合。

🏠伊勢市宇治浦田1-8-2 ☎0596-21-2460
⏰10:00～16:30 ㊡無休（臨時休業あり）
🚌バス停浦田町からすぐ 🚗P3台
おはらい町 ▶MAP 別P.7E-1

ジェラートは3種類あり、メイン1種＋サブ2種で400円

EAT

志摩の海を眺めながらカフェor名物のカキはいかが？

志摩にオープンした魅力の2軒

かつての店舗をリノベーションしたカフェや、的矢かきの養殖場直営の食事処など、志摩の新たなスポットに注目。

2022年 1月OPEN

1真珠筏の木材を使ったインテリアもいい雰囲気 2波切漁港の魚をフライにしたハンバーガー1000円

昭和レトロなアート空間

STOP BY JOE
ストップ バイ ジョー

大王埼灯台のある波切地区にオープン。16年間閉まったままだった真珠販売店と住居を改装して、モダンなカフェに生まれ変わった。漁港を眺めながら地元食材を使ったメニューを楽しめる。

🏠志摩市大王町波切178 ☎なし ⏰8:00～16:30LO ㊡不定休 🚌近鉄鵜方駅から車で20分 🚗周辺有料Pあり
大王町周辺 ▶MAP 別P.15F-3

2022年 1月OPEN

海を眺めながら的矢かきを

的矢かきテラス
まとやかきテラス

海を一望できる席や海上レストランも。年間を通してカキを提供している

無菌化カキの養殖を最初に始めた佐藤養殖場が経営する、カキ専門の食事処。11月～5月上旬にかけては「的矢かき」を生、焼き、カキフライなどで味わえる。

🏠志摩市磯部町的矢889 ☎0599-57-2612（9:00～17:00）⏰10:00～14:30LO ㊡月曜（2023年からは火曜）🚌近鉄鵜方駅から車で20分 🚗P18台
的矢湾周辺 ▶MAP 別P.15E-1

HARETABI NEWS

大注目！ 自然に囲まれた 日本最大級の複合施設へGO！

日本最大級の産直市場やレストランなどがあるマルシェ ヴィソン

ひと足のばして行きたい！ 三重の魅力が詰まった施設

伊勢中心部から車で約20分の多気町にオープンした複合商業施設VISON。1日では遊びきれないほどの充実したスポットだ。

9つのエリアがある巨大商業施設

VISON
ヴィソン

119ヘクタールという広大な敷地に、ホテル、農園、美術館、ショップやレストランなど約70店舗が集まる。有名店から話題の店まで、あらゆるジャンルのグルメを満喫できる！ →P.137

1 サンセバスチャン通りにはスペイン・バスク地方のレストラン、スイーツショップなどがある 2「覚王山フルーツ大福 弁才天」のフルーツ大福 3 日本の食を追求した和ヴィソン。ダイニングホールでは2〜3カ月ごとにフードイベントを開催

★ ☆ ☆

STAY

ステイもアクティビティも充実！ 進化型グランピング施設

志摩の自然をグランピングで楽しむ！

複雑に入り組んだ海岸線が美しい志摩。その自然を身近に感じられる、話題のリゾートグランピング施設が続々登場している。

英虞湾の景色を堪能できる

グランピングヴィレッジ THANS
グランピングヴィレッジサンズ

3棟のみのプライベート感あふれるグランピング施設。英虞湾に面し、直径6mの大型ドームテントと専用のBBQスペース、プライベートのバスルームも完備。BBQ（夕食）も充実だ。

🏠 志摩市片田字大倉5002-2
☎ 090-8239-9616 🚃 近鉄鵜方駅から車で20分 🅿 P3台
志摩町周辺 ▶MAP 別P.15D-3

料金 1万3000円〜
IN 15:00
OUT 11:00

御座白浜を望むロケーション

陸の孤島LUXUNA 伊勢志摩
りくのことうラグナいせしま

志摩半島の先端に位置する御座白浜が目の前に広がるシーサイドエリアとウッドランドエリアからなる。カヤックなどマリンアクティビティのほか、サウナテントや岩風呂も。

🏠 志摩市志摩町御座878
☎ 0599-77-7500（受付10:00〜20:00）🚃 近鉄鵜方駅から車で40分
🅿 P15台 志摩町周辺 ▶MAP 別P.14B-3

料金 ウッドランドエリア素泊まり9240円〜
IN 15:00
OUT 10:00

国立公園内の グランピング複合施設

Kabuku Resort
カブクリゾート

サーファーに人気のいちご浜に隣接してオープン。グランピングのほか日帰りBBQやカフェ、イベントなどが楽しめる総合リゾート施設だ。ラグジュアリーテントやトレーラーハウスもある。

🏠 志摩市阿児町志島876
☎ 0599-77-7369
🚃 近鉄鵜方駅から車で15分
🅿 P40台
阿児町周辺 ▶MAP 別P.15E-2

料金 グランピング2万円〜
IN 16:00
OUT 10:00

HOW TO

伊勢 志摩「4つ」の事件簿

神様のいる土地だけれど、アクシデントと無縁というわけにはいきません。注意を払って、最高の旅を。

🔍 事件ファイル ①

現在、おかげ横丁 17:00。
お店がほぼクローズなんですけど？

内宮をじっくり観光して、夜ごはんを食べるお店を探したけど、ほとんどの店がクローズ。人もほとんど歩いていないし…神隠し？

解決！ 速やかにホテルまたはJR・近鉄伊勢市駅へ移動しましょう。

おはらい町、おかげ横丁の店は、一部を除いて17:00には閉ってしまいます。JR・近鉄伊勢市駅の周辺に行けば、夜遅くまで営業している店もあります。

有名店の閉店時間

赤福本店→P.82	17:00
ふくすけ→P.74	16:30LO
すし久→P.76	16:30LO
伊勢角屋麦酒 内宮前店→P.78	16:30LO
ゑびや大食堂→P.79	15:30LO
松阪牛炭火焼肉 伊勢十→P.80	16:00LO

※時期、曜日により短縮の場合あり

🔍 事件ファイル ②

赤福本店に来たけど、うそでしょ、
なんと1時間待ち！

伊勢といえばやっぱり赤福！ さっそく、おはらい町の赤福本店に出かけてみたところ長〜い行列が。なんとしても店内で赤福餅を食べたいのだけど、なんとかならない？

解決！ ネットで混雑状況をチェック！混んでいたら支店へ。

本店は、週末は非常に混み合う。朝一番に行くなどして回避しましょう。赤福の公式サイトで混雑度をチェック。本店が混んでいたら、別店舗へ。

MAPと店名でチェック！	赤福の全店舗が掲載された地図で、混雑度のほか営業時間なども確認できる

外宮、内宮周辺の赤福　★は混雑度、多いほど混雑する

本店	★★★	五十鈴川店	★
本店別店舗	★★	外宮前特設店	★★

🔍 事件ファイル ③

名古屋から伊勢市駅へ！
駅で降りようとしたら、
ICカードが通らない！

名古屋でJRを乗り継いで、伊勢へ。ICカード利用だから切符もいらないし、楽ちん〜、なんて思っていたら、伊勢市駅の改札で止められた！残金不足？いや、違うみたい。

解決！ 四日市駅〜津駅間は伊勢鉄道。
切符を購入しましょう。

名古屋駅から伊勢市駅に行くにはJR快速みえが便利。同じJRなので名古屋駅ではICカードで乗車できるけれど、四日市駅から先ではICカードが使えない。名古屋駅などで、JR快速みえの切符を購入して。

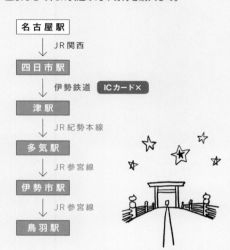

| 名古屋駅 |
| JR関西 |
| 四日市駅 |
| 伊勢鉄道　**ICカード×** |
| 津　駅 |
| JR紀勢本線 |
| 多　気　駅 |
| JR参宮線 |
| 伊　勢　市　駅 |
| JR参宮線 |
| 鳥　羽　駅 |

🔍 事件ファイル ④

タクシーに乗りたくて待っているけど、
待てど暮らせど来ない…

観光して、買い物して、大満足で帰ろうとタクシーを探しているけど、30分待っても1台も通らない…なんで？伊勢 志摩にはタクシーがないのかしら？

タクシーは…？

解決！ 流しのタクシーはないので、
電話で呼びましょう。

もちろんタクシーはあるが、手を上げれば停まってくれる流しのタクシーは基本的にない。駅や外宮、内宮のそばなどにあるタクシースタンドに行くか、電話で配車してもらおう。効率よく巡るなら観光タクシーを利用するのも手。

主なタクシー会社

伊勢	三重近鉄タクシー	☎ 0596-28-3171
	三交タクシー	☎ 0596-28-2151
鳥羽・志摩	三重近鉄タクシー	☎ 0599-43-0121

wow!

キーワードは、「外宮先祭」

いざ、伝統のお伊勢参りへ

古くからの伝統にのっとって、伊勢神宮にきちんとお参り。境内にみなぎるパワーに触れれば、心も体もきれいになれそう。せっかくなら、着物に着替えてお参りしてもステキ！

伊勢神宮 *Tradition*

❶ 日本の神社の中心

日本全国にたくさんある神社の中でも、伊勢神宮は特別。八百万の神々の中心となる存在なのだ。

❷ 内宮と外宮、2つのお宮が中心

一般的に伊勢神宮と呼ばれているのは、外宮と内宮という2つの正宮。正式名称は豊受大神宮と皇大神宮で、約4kmほど離れている。

❸ 主祭神は天照大御神

主祭神は、内宮に祀られる天照大御神。太陽にたとえられる最高神だ。外宮は天照大御神の食事を司る豊受大御神。

詳しくは →P.20

❹ お参りは外宮→内宮の順に

外宮と内宮、両方参るのが望ましい。伊勢神宮で行われる神事の順番にならい、外宮から先に回るのが古くからの慣わしとなっている。

詳しくは
外宮 →P.38 、内宮 →P.56

❺ 伊勢神宮の前に二見で禊を

古来、神宮詣での前には二見興玉神社で禊をし体を清めるのが慣わし。これを浜参宮という。無垢塩祓でお清めする方法もある。

詳しくは →P.17 、 →P.98

着物をレンタルしてお参りしてみよう

宇治橋を渡って内宮の神域へ。周りの空気が変わり、神聖な気持ちに

Tradition

正宮で感謝を伝える

正宮では、願い事よりも前に日頃の感謝を伝えることが大事。日々の幸せを感じることができる。

参拝する場所の正面は御幌（みとばり）という白い布で守られている

境内に入ったら、まず手水でお清めを。手水の作方については（→P.41）

 AM 9:00

「外宮先祭」にのっとり、まずは外宮へ

お伊勢参りは外宮から。JR・近鉄伊勢市駅を出て外宮参道を400mも歩けば、そこはもう森に囲まれた神域。鳥居の前で一礼し、手水舎でお清めをしたら境内へ。最初に正宮にお参りし、そのあと境内に3つある別宮へと伺おう。

┌ How to ┐

お参りの作法

参拝は二拝二拍手一拝。日頃無事に過ごせた感謝の気持ちを第一に伝えよう。

 ⇨

神前に進み姿勢を正してから、腰を90度に折り2回お辞儀をする

胸の高さで両手を合わせて右指先を左手より下に少しずらす

 ⇨

2回拍手をし、ずらした指先をもとに戻す

感謝の祈りを込めてから手を下ろし、深いお辞儀を1回する

伊勢神宮は、お宮や神域となる森まで合わせると約5500ヘクタール。伊勢市の約4分の1を占める。　15

⏱ AM 11:00

天照大御神のおわす
内宮にお参り

外宮から移動して、お次は内宮へ。まずは大鳥居をくぐり、内宮のシンボルでもある宇治橋を渡る。お清めは、手水舎または五十鈴川で。正宮前の階段を上り、天照大御神に日々無事に過ごせることの感謝を伝えよう。

お参りを済ませたら、宇治橋を再び渡りおはらい町へ

内宮では、手水舎ではなく五十鈴川でお清めしてもOK

神楽殿では、御饌や御神楽などのご祈祷が行われる

🌙 AM 11:30 ☆ ☆

別宮へもお参りを

正宮へお参りしたあとは、宮内に2つある別宮へ行こう。自然あふれる神域は、歩くだけで心も体もリフレッシュできる。御池や五十鈴川、神苑などは、特に風光明媚な場所として知られている。

天照大御神荒御魂を祀る荒祭宮

日々、健康に過ごせますように

Tradition

別宮も忘れず訪れよう

外宮、内宮とも、境内に正宮以外の別宮もある。できればすべて参拝しよう。

16

● PM **12:30**

参拝の終わりに伊勢うどん

外宮と内宮のお参りを済ませたら、内宮そばのおはらい町へ。江戸時代からお伊勢参りの人々をもてなした門前町は、通り沿いに飲食店やおみやげ屋さんがずらり。何を食べようか迷ったら、名物伊勢うどんを。

家族で営む人気店、岡田屋（→P.75）の伊勢うどん

 Tradition
今も昔も、ランチはうどん
江戸時代に発祥した伊勢うどん。回転が早いため、参拝客でごった返す昼時でも待たずに済んだ。

● PM **3:00**

赤福本店＆おみやげ

ランチの次は、おみやげ探し。創業宝永4（1707）年の赤福の赤福餅は絶対外せない名物。おはらい町の中心にある本店では、おみやげの赤福餅が買えるほか、五十鈴川沿いの縁側で作りたてをいただくこともできる。

五十鈴川を見ながら、伝統の赤福餅を味わおう　　独特の形は、五十鈴川の流れを表現している

Tradition　**伊勢で創業して300有余年！**
江戸中期に創業した赤福。ちなみに、今の赤福餅が誕生したのは明治44（1911）年。

着物レンタルはここで！

おはらい町にある着物レンタルショップ。着物、振袖、浴衣、袴など豊富なラインナップから選べる。着付けやヘアアレンジ（オプション1500円）もお願いできる。

着物レンタル夢小町
きものレンタルゆめこまち
🏠 伊勢市宇治中之切町96-10　☎0596-63-6621
🕘9:00〜17:00（要予約）
不定休　🅿夢小町プラン（スタンダード）3980円、プレミアムプラン6500円、伊勢木綿プラン5000円　🚌バス停神宮会館前から徒歩3分　🅿Pなし
`伊勢・おはらい町` ▶MAP 別 P.7E-2

もっとこだわる人へ！
伊勢神宮の前後に回って、伝統的なお伊勢参りに

伊勢神宮の前後に二見と朝熊山へと参れば、昔ながらのお伊勢参りになる。時間がある人はぜひ！

Before　神宮参りの前の禊の場

二見興玉神社（夫婦岩）
ふたみおきたまじんじゃ（めおといわ）

古来、神宮参りの前には二見興玉神社で浜参宮を行い、身を清めるのが慣わしだった。正式なお清めなら禊業、お手軽お清めなら無垢塩草を授与するとよい。

詳しくは →P.98

1現在では夫婦円満、縁結びのパワースポットとしても知られる
2今でも3〜10月の月1回、伝統の禊行が行われる

After　朝熊をかけねば片参り

朝熊岳金剛證寺
あさまだけこんごうしょうじ

伊勢音頭の一節で「お伊勢参らば朝熊をかけよ、朝熊かけねば片参り」と唄われた。伊勢志摩スカイライン（→P.24）の途中にあり、車以外にも麓からトレイルを歩いて行く方法も。

詳しくは →P.25

1金剛證寺の本堂 2伊勢参りの手みやげとして人気だった萬金飴

🍵 着物レンタル夢小町では伊勢木綿の着物もある。　17

HIGHLIGHT

お伊勢参り

絶景スポット

グルメ

ホテル

季節ごとの風景と祭典・催しを知って

伊勢神宮の四季に思いを巡らす

伊勢神宮では年間1500もの祭典・催しが行われている。四季折々の美しさと併せて、神宮の一年を追ってみよう。お伊勢参りする時季を計画する参考にもなる。

桜の景色

神宮の桜は、目線いっぱいに広がるというわけではなく、控えめ。写真は、内宮の入口に架かる宇治橋にて。

おすすめSPOT 内宮 宇治橋周辺
内宮 神苑

緑の景色

木々が生い茂る神域内は、涼を求めるのに事欠かない。神宮徴古館の周辺では、5〜6月にかけてあじさいが咲く。

おすすめSPOT 外宮・内宮全域
内宮 五十鈴川御手洗場

春 3〜5月
芽吹きの春。新緑に桜がアクセント

伊勢神宮に春の一番便りを届けてくれるのは梅の花。やがて桜の花が咲くと、本格的な春の到来だ。控えめな薄ピンクの花びらと新緑のグリーンとのコントラストは特に美しい。一年で最も穏やかな季節。

春の神楽祭
4月28〜30日

春と秋の2回行われる神楽祭。場所は内宮の神苑にある特設舞台。写真は舞楽「胡蝶」

春の祭典・催し

春分の日を境に、春の祭典・行事がスタート。最初に行われるのが春季皇霊祭遙拝と御園祭。神様の衣を奉納する神御衣祭は5月と10月の14日に内宮の正宮と荒祭宮で行われる。

夏 6〜8月
涼を求めて。差し込む木漏れ日が美しい

緑濃い夏は、神宮参拝のハイシーズン。連日のように参拝者が押し寄せ、正宮前が人だかりということも。人がまだ少ない、早朝に参拝するのが気持ちいい時季でもある。疲労感を感じたら、木漏れ日差す小道で休憩を。

伊勢神宮奉納 全国花火大会
7月中旬

9000発の花火を神宮に奉納する、伊勢市主催の花火大会。67回を超える歴史がある

夏の祭典・催し

五穀豊穣、国家隆昌を祈る月次祭は、神嘗祭と並び最も由緒のある祭典。6月15日に両正宮から行われ、125社すべてで行われる。暑さが隆盛の7、8月に行われる祭典は少ない。

⊏ When Is ⊐

神宮の花のシーズン

伊勢神宮には四季を通してさまざまな花が咲く。右を参考にして、花見に訪れてみるのもいい。

◆梅
2月中旬〜3月中旬
内宮
神苑・子安神社前

◆桜
3月下旬〜4月上旬
内宮
神苑・宇治橋周辺

◆花菖蒲
5月下旬〜6月下旬
外宮
勾玉池

◆寒桜
1月下旬〜2月上旬
内宮
子安神社前

紅葉 の景色

境内には常緑樹が多く紅葉はまばら。内宮の五十鈴川などの水辺なら、川辺を彩る見事な紅葉が見られる。

おすすめSPOT 内宮 五十鈴川御手洗場
内宮 風日祈宮橋

朝日 の景色

冬の風物詩、宇治橋大鳥居からの日の出は、冬至を中心にした前後1カ月、11月下旬〜1月下旬だけ見られる。

おすすめSPOT 内宮 宇治橋

秋 9〜11月
豊穣の秋。
神に永遠の感謝を捧げる

実りの秋。神宮で最も重要な神事である神嘗祭が行われるのもこの時季。秋が深まるにつれ、内宮の五十鈴川沿いなどでは日々木々の葉が赤く色づいてゆく。気候もよく、参拝に適した季節だ。

神宮観月会
9月の中秋

外宮の勾玉池奉納舞台で行われる、中秋の名月を愛でる行事。短歌と俳句を楽師が披講する

秋の祭典・催し ——

秋にはさまざまな祭典・催しがある。催しでは、中秋の名月に行われる神宮観月会と、秋分の日を含む3日間行われる秋の神楽祭が有名。10月15・16日は、外宮・内宮へ奉曳車による初穂の奉納を行う。

冬 12〜2月
終わりと始まり。
一年の感謝と来る年を願う

新年になると初詣に多くの参拝客が訪れる。冬だけ見られる宇治橋大鳥居からの日の出は、早起きした人だけの特権。ちなみに、温暖な伊勢では雪はめったに降らない。それだけに、降ったときの雪景色は貴重。

神嘗祭 (かんなめさい)
10月15〜25日

新嘗祭 (にいなめさい)
11月23〜29日

祈年祭 (きねんさい)
2月17〜23日

左の3つは、いずれも五穀豊穣の祭典。神々に神饌をお供えする大御饌（おおみけ）の儀が行われる

秋〜冬の祭典・催し ——

秋から冬にかけては、由緒ある祭典が連続。秋の実りに感謝する神嘗祭、6・12月に行われる月次祭は「三節祭」とも呼ばれる。大晦日には大かがり火で行く年を送り、元旦は歳旦祭で新年を迎える。

🌿 伊勢神宮で行われる恒例祭典と行事・催しのうち、恒例祭典には参拝時間内に行われるものがあり、参道などから奉拝できる。神楽祭など一般公開されているものも。　　19

日本の神様
と伊勢神宮の成り立ち

内宮（皇大神宮）と外宮（豊受大神宮）の始まり

八百万の神々を祀る神社は日本全国に約8万社あり、その中心が伊勢神宮の内宮といえる。内宮の正式名称は皇大神宮、外宮の正式名称は豊受大神宮。伊勢神宮は正式には神宮という。

今から約2000年前の崇神天皇の時代、天照大御神が永遠に鎮座できる場所探しが始まる。次の垂仁天皇は倭姫命にその場所探しを託し、倭姫命は巡行の旅に出る。大和国から各地を歩き伊勢国に入ったとき、天照大御神の信託があり、五十鈴川の川上に建てたお宮が皇大神宮（内宮）の始まりと伝わる。その約500年後、豊受大御神が迎えられ、豊受大神宮（外宮）の鎮座となった。2つの大神宮をお参りすることは、いつしかお伊勢参りと呼ばれるようになった。

国生み、神生み、そして天照大御神の誕生

『古事記』や『日本書紀』に書かれている日本の神話は、この世ができる天地開闢から始まる。伊弉諾尊と伊弉冉尊により日本の島ができる国生みと、そこにたくさんの神々が誕生する神生みへと続く。そのときに生まれたのが天上界の高天原を治めるようになった天照大御神である。やがて地上界の葦原中国を治めることになる国譲りがあり、天照大御神の子孫が地上界へと降りてくる天孫降臨となり、その子孫が初代天皇・神武天皇と伝わる。

内宮と外宮の主祭神

内宮
◆ 天照大御神
（あまてらすおおみかみ）

皇室の祖神で日本国民の総氏神である天照大御神は、世界を照らす太陽を象徴する女神。

外宮
◆ 豊受大御神
（とようけのおおみかみ）

天照大御神の食事を司る御饌都神。衣・食・住並びにすべての産業の守り神。雄略天皇の夢枕に天照大御神が現れた際、近くに呼び寄せるよう命じた。

伊勢神宮にゆかりのある神々

伊弉諾尊と伊弉冉尊の神生みから誕生した日本の神々。
神宮にゆかりのある神々の関係を学んでみよう。
※諸説あり

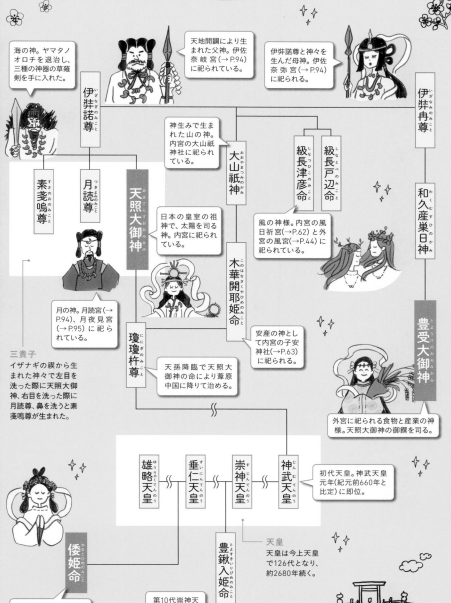

海の神。ヤマタノオロチを退治し、三種の神器の草薙剣を手に入れた。

天地開闢により生まれた父神。伊佐奈岐宮(→ P.94)に祀られている。

伊弉諾尊と神々を生んだ母神。伊佐奈弥宮(→ P.94)に祀られる。

神生みで生まれた山の神。内宮の大山祇神社に祀られている。

日本の皇室の祖神で、太陽を司る神。内宮に祀られている。

風の神様。内宮の風日祈宮(→P.62)と外宮の風宮(→P.44)に祀られている。

月の神。月読宮(→P.94)、月夜見宮(→P.95)に祀られている。

三貴子
イザナギの禊から生まれた神々で左目を洗った際に天照大御神、右目を洗った際に月読尊、鼻を洗うと素戔嗚尊が生まれた。

天孫降臨で天照大御神の命により葦原中国に降りて治める。

安産の神として内宮の子安神社(→P.63)に祀られる。

外宮に祀られる食物と産業の神様。天照大御神の御饌を司る。

初代天皇。神武天皇元年(紀元前660年と比定)に即位。

天皇
天皇は今上天皇で126代となり、約2680年続く。

第11代垂仁天皇の皇女。倭姫宮(→P.95)に祀られている。

第10代崇神天皇の皇女、天照大御神の遷座の祭祀を行う。

伊弉諾尊　素戔嗚尊　月読尊　天照大御神　大山祇神　木華開耶姫命　級長津彦命　級長戸辺命　伊弉冉尊　和久産巣日神　豊受大御神　瓊瓊杵尊　雄略天皇　垂仁天皇　崇神天皇　神武天皇　倭姫命　豊鍬入姫命

伊弉諾尊と伊弉冉尊の間には、神のほか日本の島々も生まれた。

03

内宮お参り後のお楽しみ！ ★ ☆ ☆

おかげ横丁＆おはらい町で
したい⑥のコト！

この注連縄、
ほとんどの店にあるのね

おはらい町にある
ハート形の石垣！

おかげ横丁の
中心でパチリ

これ
かわいい〜♡

楽しみ
01
レトロな町並みで記念撮影！

江戸や明治時代の建物を再建・移築したおか
げ横丁には、フォトジェニックなスポットがた
くさん！着物を着て歩けば、その時代にタイム
トリップできる。

甘い物から！

伊勢クレープ（→P.
72）の伊勢茶クレー
プ

SNSで話題の生フルーツジュース、
まるごと果汁店（→P.67）

楽しみ
02
テイクアウトグルメで
ちょい食べ三昧☆

おかげ横丁、おはらい町には、テイクアウトグルメの店がずら
り。スイーツからがっつり系、おつまみ系までいろいろあり、
はしごして食べ歩くのが楽しい！→P.66

お酒のおつまみまで！

おかげ横丁　もくと
ん（→P.73）のぐる
ぐるウィンナー

オリジナルグッズ
が揃うゑびや商
店（→P.91）にて

楽しみ
03
かわいい和雑貨＆
手みやげをお買い物

おはらい町でおすすめなのが、おみやげ探し。
昔ながらの和菓子からセンス抜群のオリジナル
雑貨までいろいろある。おかげ横丁では、おか
げ犬グッズをチェックして。→P.90

おみやげや（→P.93）のおかげ犬おみくじ

おはらい町＆おかげ横丁は、伊勢を代表するグルメ街。でも、食べるだけじゃない。レトロな町並みで写真を撮ったり、買い物したりと、楽しみは無限大！

─ What Is ─
おはらい町とおかげ横丁

「おはらい町通り」は内宮へと続く約800mの道のこと。中央にある「おかげ横丁」だけで約50店舗、合わせると100店舗以上が集まる。最も混雑するのは週末の11〜13時。

楽しみ **04**

幸運を呼ぶ招き猫を探す

おかげ横丁には"福を呼ぶ"招き猫がいっぱい！ 各店で招き猫作家・もりわじん氏が手がけたかわいい猫がお出迎え。店に合った格好をしているので、探してみよう。

いろんなところにいるよ！

おかげ横丁のお店に招き猫がいるんだって〜

僕は招き猫じゃないにゃ

楽しみ **05**

日本の伝統芸能に触れる

和太鼓や寄席、かみしばいなど、日本の伝統芸能に触れる催しが多いのも、おかげ横丁の魅力。楽しくってためになる、タイムトリップ体験をしてみよう。

土・日曜の1日3回演奏が行われる神恩太鼓。会場はおかげ横丁中心の太鼓櫓

日本の成り立ちの神話などが学べる神話の館（🕐10:00〜16:30 🈺無休 🈁400円）

楽しみ **06**

季節のイベントで盛り上がる！

おかげ横丁では一年を通してさまざまなイベントが開催されている。詳細スケジュールはおかげ横丁の公式サイト（www.okageyokocho.co.jp）をチェックして。

新春郷土芸能
1月中旬〜下旬

縁起のいい伝統芸能を開催。神楽や獅子舞、餅つきなど

来る福招き猫まつり
9月

福を呼ぶ祭り。期間中、おかげ横丁内はいつもより多くの招き猫が登場する

歳の市
12月中旬〜下旬

新しい年を迎える準備をする伝統の市。正月飾りの露店が出るほか、しめ縄作り体験などもできる

HIGHLIGHT
04

山の上を通る２つのドライブウェイ
絶景ドライブで気分爽快！

伊勢と鳥羽を結ぶ伊勢志摩スカイラインと鳥羽から志摩へ行くパールロードは、
伊勢 志摩を代表するドライブコース。途中にある展望台からは海を見下ろす絶景が広がる。

SKYLINE

ドライブルート.1

伊勢志摩
スカイライン
（伊勢〜鳥羽）

伊勢〜鳥羽間はいくつもルートがあるが、朝熊山の山頂を走る伊勢志摩スカイラインの利用がおすすめ。鳥羽の群島域が一望できる。

島々や
町を一望！

答志島 (とうししま)

神島 (かみしま)

菅島 (すがしま)

鳥羽市街

朝熊山頂展望台を過ぎたあたりからは一気に視界が開ける

DRIVE ROUTE

START ▶

① → 朝熊岳金剛證寺

② → 朝熊山頂展望台

③ → 飯盛山展望ポイント

GOAL ▶

伊勢料金所 → 約15分 → ①朝熊岳金剛證寺 → 約3分 → ②朝熊山頂展望台 → 約6分 → ③飯盛山展望ポイント → 約7分 → 鳥羽料金所

GOAL

START

伊勢志摩スカイライン

天空の観光道路
伊勢志摩スカイライン
いせしまスカイライン

内宮のすぐ東から鳥羽市街までを結ぶ、全長16.3kmの有料道路。"天空のドライブウェイ"とも呼ばれ、ルート上に絶景展望ポイントが点在している。2020年公開の映画「弱虫ペダル」のロケ地にもなった。

☎0596-22-1810（伊勢料金所）　營7:00〜19:00（8月は〜20:00）　㊡無休　㊵通行1270円（軽・普通車）　㊫伊勢西ICから車で15分（伊勢料金所）
伊勢志摩スカイライン ▶ MAP 別 P.3C-2

1 弘法大師が掘った池に架かる連珠橋 2 極楽門から奥之院にかけて並ぶ卒塔婆。高いものは8mもある

金剛力士が守る仁王門

伊勢神宮の鬼門を守る

❶ 朝熊岳金剛證寺
あさまだけこんごうしょうじ

伊勢神宮の奥の院ともいわれ、鬼門を守る寺とされる。弘法大師空海ゆかりの古刹で境内は広く、本堂から奥の院まで歩くと10分ほどかかる。

🏠伊勢市朝熊町548 ☎0596-22-1710 ⏰9:00〜15:45 ㊡無休 ㉔参拝自由 🚗P50台
`伊勢志摩スカイライン` ▶MAP 別 P.3C-2

約1km 約3分 🚗

伊勢参りの定番みやげ

伝統薬「萬金丹」
まんきんたん

1373年に金剛證寺に移住した寺侍野間宗祐が、朝熊山中で採取した薬草で作ったとされる薬が萬金丹。懐中常備薬として人気を博した。 萬金丹や和漢植物配合の萬金飴400円も販売

スカイライン随一の展望ポイント

❷ 朝熊山頂展望台
あさまさんちょうてんぼうだい

標高500mにある。鳥羽市を眼下に答志島、菅島、遠くは渥美半島、天気がよければ富士山までも望める。展望台に接して朝熊茶屋があり、周辺には天空のポストや展望足湯も。

🏠伊勢市朝熊町字名古185-3 ☎0596-22-1810 ⏰7:00〜19:00(8月は〜20:00) ㊡無休 ㉔見学自由 🚗P100台
`伊勢志摩スカイライン` ▶MAP 別 P.3C-2

天空のポスト

伊勢志摩最高所にあるポスト。恋人の聖地に指定されており、ここから手紙を出すと思いが成就するという伝説が…

天空ソフトクリーム

展望台併設の朝熊茶屋で販売しているソフトクリーム350円

絶景を見ながら足湯をいかが。利用は100円

展望足湯

ご飯を盛り付けたような形

展望台からの眺め。周辺には散策路も設けられている

山頂展望台

鳥羽の海を見下ろす

❸ 飯盛山展望ポイント
いいもりやまてんぼうポイント

約3.5km 約6分 🚗

朝熊山頂展望台を過ぎると、車を停めて風景が楽しめる展望スポットが点在。なかでもここは伊勢湾を分断する飯盛山の真正面にあたり180度開けた展望が得られる。

☎0596-22-1810(伊勢料金所) ⏰見学自由 🚗Pスペースあり
`伊勢志摩スカイライン` ▶MAP 別 P.3C-2

朝熊山山頂へは内宮の裏手から続く宇治岳道、近鉄朝熊駅から続く朝熊岳道という2つのトレッキングルートがある。

ドライブルート.2
パールロード
（鳥羽〜志摩）

パールロードは、最初は海岸線、やがて森の中を縫うように道が続く。展望スポットやカキ小屋など、楽しみ満載のドライブへGo！

DRIVE ROUTE

START ▶

JR・近鉄 鳥羽駅 → 約18分 → ① 麻生の浦大橋 → 約12分 → ② 鳥羽展望台 → 約8分 → ③ 面白展望台 → 約8分 → ④ 的矢湾大橋 → 約10分 → 近鉄鵜方駅

GOAL ▶

● START
① ② ③
パールロード
④
GOAL

海から森を抜ける
ドライブルート

海を望む県道128号
パールロード

鳥羽と伊勢を結ぶ全長約24kmのドライブウェイ。2006年までは有料だったが、現在は無料。ルート上最大の見どころは、鳥羽のリアス海岸や富士山まで見渡せる鳥羽展望台。

☎0599-46-0570（志摩市観光協会） ◎通行自由 ◎JR鳥羽駅から車で15分 パールロード ▶MAP 別 P.13F-1

海岸線を望む絶景展望台
② 鳥羽展望台
とばてんぼうだい

パールロードの展望スポット。海抜163mにあり太平洋が一望。天候がよければ富士山まで遠望できる。カフェとショップのある食国蔵王を中心に遊歩道が整備されている。

🏠 鳥羽市国崎町大岳3-3 ☎0599-33-6201 ⏰食国蔵王9:30〜16:30（土・日曜・祝日は〜17:00）㊡水曜 ◎入場無料 🅿P250台 パールロード ▶MAP 別 P.13F-1

約8.5km 約12分 🚗

鳥羽十景のひとつ
① 麻生の浦大橋
おうのうらおおはし

パールロードのスタート地点となる今浦と対岸の本浦を結ぶ麻生の浦大橋は、全長196mのアーチ橋。橋桁がないのが特徴で、陸地同士を一直線に結んでいる。

真っ白なアーチ型の橋を通る

🏠 鳥羽市浦村 ☎0599-25-1157（鳥羽市観光課）◎通行自由 🅿Pなし パールロード ▶MAP 別 P.13E-1

約5.8km 約8分 🚗

ユニークな名前の展望スポット
③ 面白展望台
おもしろてんぼうだい

リアス海岸を望む展望スポット。規模はそれほど大きくなく食事処などの施設もないが、畔蛸町、相差町、太平洋を望み、夜景が美しいことでも有名。

🏠 鳥羽市畔蛸町 ☎0599-25-1157（鳥羽市観光課）◎見学自由 🅿Pスペースあり パールロード ▶MAP 別 P.13E-2

約6km 約8分 🚗

真っ赤な橋を見渡せる
④ 的矢湾大橋
まとやわんおおはし

面白展望台を過ぎてしばらくすると、志摩市へと入る。カキ養殖でも有名な的矢湾に架かる、橋長237.6mの赤いアーチ橋。橋のたもとに駐車場と展望台がある。

伊雑ノ浦を一望できる

🏠 志摩市磯部町的矢 ☎0599-46-0570（志摩市観光協会）◎見学自由 🅿P20台 パールロード ▶MAP 別 P.13D-3

展望台にはトイレもある

PEARLROAD

What is
食国蔵王
おすくにくらおう

鳥羽展望台併設の施設でカフェとショップがある。2022年12月下旬にリニューアルオープンし、地元の天草を使ったところてんソフトや、大内山牛乳のソフトクリーム、イセエビカツバーガーなどを提供予定。

相差
おうさつ

的矢湾
まとやわん

パールロード
（国道128号）

展望台から志摩方向を見渡す

■ パールロード途中で寄り道！

パールロードの周辺には観光スポットが点在。いずれも車で10〜20分ほどの距離にある。

鳥羽 カキ小屋で焼きガキ食べ放題！

パールロードが通る鳥羽の浦村地区は、浦村かきの名産地。11〜4月になると食べ放題を開催するカキ小屋がオープンし、連日大盛況。海を眺めるロケーションもすばらしい。

→P.123

鳥羽 神明神社（石神さん）へお参り

女性の願いをひとつ叶えてくれる石神さんが話題の神社。海女文化が色濃く残る相差地区にあり、神社の参道には海鮮食堂やカフェ、おみやげ屋が並びにぎやか。

→P.116

鳥羽 海の博物館で海女文化を学ぶ

館内に大小さまざまな船が展示されている海の博物館。海女文化から神宮と海の関わりまで、地元と海との密接なつながりを学べる。体験メニューも豊富。

→P.119

志摩 志摩スペイン村で遊び倒す！

志摩の誇る一大テーマパーク、スペイン村へ。園内には"絵になる"フォトスポットや絶叫アトラクション、イベントなど楽しみ満載で一日たっぷり楽しめる。温泉や宿泊施設もある。

→P.132

鳥羽展望台には、地元出身の歌手・鳥羽一郎の「兄弟酒」の歌碑がある。

伊勢 志摩の誇る極上グルメ

伊勢エビ＆アワビに溺れる

伊勢 志摩の数ある魚介類のなかでも、伊勢エビとアワビは別格！
海の宝石とも称される贅沢食材をさまざまなバリエーションで味わってみて。

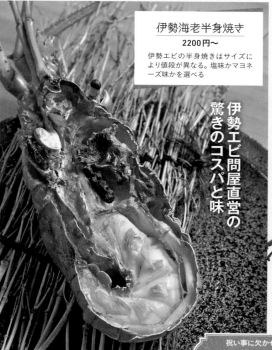

伊勢エビ問屋直営の
驚きのコスパと味

伊勢海老半身焼き

2200円～

伊勢エビの半身焼きはサイズにより値段が異なる。塩味かマヨネーズ味かを選べる

伊勢エビを知り尽くした
伊勢エビの専門店

えび勢
えびせい

1 テイクアウトでえびだまを販売（→P.71）　2 伊勢エビ問屋直営だからこその伊勢エビの食べ放題も人気。料金は6999円で、45分制

漁師から直接仕入れた伊勢志摩産の伊勢エビを一年中味わえる。メニューにはお造りや半身焼きなどの定番から天丼、ラーメンまで伊勢エビ料理がずらり。

🏠 伊勢市宇治浦田1-8-12　☎0596-20-5550　⏰11:00～18:00（土・日曜は10:00～）　休不定休　🚌バス停神宮会館前から徒歩4分　🅿Pなし　伊勢・おはらい町　MAP 別 P.7E-1

Variation! ♪♪

伊勢エビが丸ごと1尾のった伊勢海老天丼3650円

伊勢エビの半身が入った伊勢海老ラーメン1950円。だしが効いた塩味スープが絶品

祝い事に欠かせない縁起物！
伊勢エビ

伊勢海老活造り

7000円～（時価）

まずは甘く濃厚な身をぱくり。頭は汐蒸しや味噌汁にアレンジしてもらおう

鳥羽の海の幸が大集合

漣 鳥羽店
さざなみ　とばてん

名物の大海老フライはもちろん、旬の魚介を昇華させた海鮮料理が自慢。鳥羽産の伊勢エビはお造りで食すもよし、鬼殻焼きや具足煮の調理で味わうもよし。醍醐味を味わいたい。

1 老舗の風格漂う重厚な店構え　2 限定1日20食の大海老フライ定食3410円

🏠 鳥羽市鳥羽3-5-28　☎0599-25-2220　⏰11:00～15:00LO、16:30～19:00LO（土・日曜・祝日は10:30～19:00LO）　休火曜（祝日は営業）　🚃JR・近鉄鳥羽駅から徒歩7分　🅿P30台　鳥羽・鳥羽駅周辺　▶MAP 別 P.12B-2

伊勢エビを丸ごと一尾使用
極上のプリプリを愛でる

⌐ When is ¬

伊勢エビのシーズン

三重県での伊勢エビシーズンは、10〜4月（地域により変動あり）。最盛期は11〜12月。禁漁時期でも生け簀で保存した伊勢エビを味わえるが、店により別の県産となる場合も。

アワビのシーズン

鳥羽・志摩地方の沿岸に広がるリアス海岸の岩礁域は、アワビの好漁場。漁期は1月1日〜9月14日までで、最も旨みがのっておいしいのは5月以降とされる。

お造り、蒸し、揚げなど 伊勢海老をコースで味わう

素材にこだわる本格和食店

伊勢海老 海鮮蒸し料理 華月

いせえび かいせんむしりょうり かげつ

生け簀から取り出した活伊勢エビを味わえる。伊勢海老コースは1人1尾の潮騒コース7700円ほか数種あり。ランチは伊勢海老地魚海鮮丼4400円が人気。

🏠 鳥羽市大明東町16-3 ☎0599-26-5252 🕚11:00〜13:30LO、16:30〜19:00LO 🈺不定休 🚉JR・近鉄鳥羽駅から車で5分（送迎あり、要予約） 🅿P20台

鳥羽・鳥羽駅周辺 ▶MAP 別 P.13D-1

伊勢海老三昧コース
1万2100円

活伊勢エビなどのお造りと、蒸し物、伊勢エビ唐揚げなど。料金は1名分で注文は2名〜。

1 純和風の落ち着いた造り 2 座席は全部で126席あり、ゆったりとくつろげる

アワビ
旨みほとばしる海の宝石

Variation!

酒のアテにはアワビのバター焼き1650円をどうぞ

唯一無二の"コリコリ"をお好みの調理で堪能したい

活アワビ
300g 1個7236円（時価）

値段は大きさにより変動。300g以上のアワビならお造り、握り、バター焼きで堪能できる

煮ても焼いても、生でも美味 海の恵みをいただきます！

明治41年創業の鮨割烹

おとや

4代目の店主が腕を振るうのは、握りや焼き物、趣向を凝らした一品料理の数々。アワビや的矢かきなどいつでも旬の地物を揃え、いいとこどりの海鮮丼も。

🏠 志摩市阿児町鵜方1692 ☎0599-43-0074 🕛12:00〜13:30、17:00〜21:00 🈺水曜（火曜臨時休業あり）🚉近鉄鵜方駅から徒歩2分 🅿P10台

志摩・鵜方駅周辺
▶MAP 別 P.15D-2

近鉄鵜方駅より徒歩2分の好立地

🦪 伊勢 志摩のには黒アワビと赤アワビがある。黒のほうが歯ごたえあって旨みが強く、値段も高い。

カジュアルでおしゃれな
ビストロでスローフードランチ

地元産の厳選食材を使った、シェフこだわりの洋食を味わおう。手間暇かけた料理から食材に対する"愛"が感じられる絶対ハズさない名店ばかり！

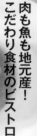

MENU
mirepoixのお昼のセット
1750円

本日のオードブルとメインのセット。メインは黒板から選ぶ。写真は伊勢鶏のトマトパスタ

MENU
シェフおまかせコース
6000円～

アミューズ、前菜2種、スープ、メイン、デザートのコース。メインは魚や肉から選べる。写真はパールポークの肩ロースステーキ

肉も魚も地元産！
こだわり食材のビストロ

伊勢志摩の食材を知り尽くした
本格フレンチ

主役は地元の
食材です

3つ星ポイント ★★☆
トマトとマスタードのオリジナルソースが伊勢鶏の旨みを引き出している。オードブルにも地元食材が満載。

食材に合わせて
調理法を考えます

3つ星ポイント ★★☆
前菜はトロさわらの燻製と伊勢マグロの炙り。燻製することで旨みがアップ。肩ロースはシンプルにグリル。

コレもおすすめ！

wow!

トロさわらと真鯛のポアレなどメインが選べるmirepoixのランチセット2500円

★☆☆

デザートをチェック！

ケーキやパルフェ、季節のフルーツなど、デザートも日替わり

地元の食材を創作洋食に

mirepoix
ミルポワ

地元食材を使った西洋料理が味わえる。ミルポワとは香味野菜という意味で、食材を引き立てる香味野菜のような店を目指したいというシェフの思いが込められている。

創業39年の老舗レストラン

フランス料理 ボンヴィヴァン
フランスりょうり ボンヴィヴァン

オーナーシェフの河瀬さんは、伊勢 志摩の食シーンを盛り上げてきた第一人者。地元の食材を使ったフレンチは唯一無二のオリジナリティ。洋館を改装した内装も素敵。

🏠伊勢市岩渕1-1-4 ☎0596-63-8996 ⏰11:00～14:00LO、18:00～21:00LO ㊡火曜、月1回不定休 🚃JR・近鉄伊勢市駅から徒歩3分 🅿Pなし
 伊勢・外宮参道 ▶MAP 別 P.6B-2

🏠伊勢市本町20-24 ☎0596-26-3131 ⏰12:00～13:30LO、17:30～19:00LO ㊡月曜、日曜のディナー、第3火曜 🚃JR・近鉄伊勢市駅から徒歩5分 🅿P11台
伊勢・外宮参道 ▶MAP 別 P.6B-2

ニューブランド

伊勢 志摩 鳥羽の注目食材

┌ What Is ┐

答志島トロさわら	パールポーク	あおさ海苔	伊勢赤どり
答志島のブランド食材。脂肪含量が一定以上のサワラだけが名乗れ、脂のノリは全国トップクラス。10〜1月が旬。	河井ファーム肉よしで育てられる、志摩のブランド豚。アコヤ貝の粉末を混ぜた飼料で育つ。やわらかさと甘みが特徴。	三重県はあおさ海苔の生産高全国屈指。豊かな風味と芳醇な磯の香りが感じられる極上品だ。三重ブランド認定。	三重県の銘柄鶏。飼料に木酢酸を混ぜ合わせたものを使っている。やわらかな歯触りと豊かなコクを感じられる。

MENU
鳥羽産あおさとシーフードのピザ
1760円
エビやホタテなど4種類の魚介と
地元のあおさ海苔をトッピング

MENU
シェフおすすめカレー
3500円
黒アワビ、エビ、ホタテ、カニが
入った、スペシャルな欧風カレー

旬の魚介を使ったカジュアルイタリアン

特製ルウを彩るのは宝石のような黒アワビ

地元の皆さんに好評です

3つ星ポイント ★★★
ドイツ産モッツァレラチーズとあおさ海苔の塩みがマッチしている。自家製のピザ生地はもちもちの食感。

こちらもおすすめ！

ベスカトーレ（魚介のトマトソース）1760円。ランチタイムはサラダとパンが付いてくる

こちらもおすすめ！

3つ星ポイント ★★★
タマネギの甘みと特製ブイヨンが味の決め手。マイルドで味わい深い。シーフードは個別に調理している。

丁寧に作っています

1 アメリカンドリア（海老ソース）1880円。桜えびの旨みがぎゅっと凝縮したソースが美味 2 ファンも多い手作りプリン350円は持ち帰りもOK

地元で愛されるイタリアン

Cuccagna
クッカーニャ

伊勢志摩に3店舗を展開する有名イタリアンの第1号店。旬の食材を大切にしており、秋から冬にかけてはトロさわら、カキなどを使ったシーズナブルメニューも登場する。

🏠鳥羽市鳥羽1-6-17 ☎0599-26-3143 🕚11:00〜14:30LO、17:00〜21:30LO 🈂火曜 🚃JR・近鉄鳥羽駅から徒歩3分 🅿P11台

鳥羽・鳥羽駅周辺 ▶MAP 別 P.12B-2

ベテランシェフの洋食を

プティレストラン宮本
プティレストランみやもと

志摩観光ホテルで修業したシェフが腕を振るう洋食店。調理法は手抜き一切なし、店内や食器、カトラリーもピカピカ。料理に対する真摯な姿勢が感じられる。

🏠志摩市阿児町鵜方3127-2 ☎0599-43-5395 🕚11:30〜14:00、17:00〜20:30 🈂月曜、第4火曜 🚃近鉄鵜方駅から徒歩10分 🅿P20台

志摩・鵜方駅周辺 ▶MAP 別 P.15D-2

見渡す限りの大海原！

オーシャンビューのホテルにうっとり♡

伊勢 志摩にステイするなら、オーシャンビューのホテルはいかが。伊勢湾や英虞湾に浮かぶ島々が創り出す幻想的な景色を独り占め。贅沢な絶景温泉もある！

伊勢湾のオーシャンビューがもてなす絶景ステイ

Best View
ラグジュアリーツイン
大きな窓から伊勢湾の絶景が一望できる最上階の客室。和のテイストでまとめられた落ち着きのある空間。

海の上に泊まるような感覚でステイできる

旅荘 海の蝶
りょそう うみのちょう

伊勢湾の高台に立つホテル。全8タイプの客室は和テイストでまとめられていて上品。地元のブランド食材を使ったこだわりの料理は味はもちろん、目でも楽しませてくれる。展望ラウンジではコーヒーを片手にオーシャンビューをゆっくりと満喫できる。

🏠 伊勢市二見町松下1693-1 ☎ 0596-44-1050 🚃 JR・近鉄鳥羽駅から車で10分 🚗 Pあり
`伊勢・二見周辺` ▶MAP 別 P.3B-2

`料金` 平日1泊2食付き 2名1室2万7500円〜（1名の料金）
`IN` 15:00 `OUT` 10:00

⌐ What is ¬
オーシャンビューホテル

海が見渡せるホテルは鳥羽から志摩にかけて海沿いにある。特に志摩は、伊勢 志摩の象徴ともいえる英虞湾の入り組んだリアス海岸の景色を一望できるホテルが多い。

1厳選した地元食材を使った見た目も美しい料理 2フロントロビーの目の前にオーシャンビューが広がる

☑ こちらもCHECK

絶景温泉に癒される

潮の香りがふんわりと漂う露天風呂や、ミネラル成分をたっぷり含んだ湯の大浴場からも大海原が見渡せる。極上のリラックスタイムを楽しもう。

海が見渡せる千鳥の湯（女湯）の露天風呂

プライベートビーチでリッチな気分

ホテルの敷地内には宿泊者専用のプライベートビーチ、「池の浦シーサイドビーチ」があり、海水浴や散歩が楽しめる。7月下旬〜8月（9:00〜17:00）までの期間限定。

海水浴ができるのは7月中旬〜8月中旬

リアス海岸の絶景を望む
ラグジュアリーリゾート

志摩観光ホテル
ザ ベイスイート

しまかんこうホテル ザ ベイスイート

すべての部屋がスイートルーム。こだわり抜いた上質な空間でくつろぐことができ、美しい英虞湾の景観と、三重の豊かな食材を主役にした「海の幸フランス料理」を楽しめる。G7伊勢志摩サミットの会場となり注目を集めた。

🏠 志摩市阿児町神明731 ☎0599-43-1211 🚃近鉄賢島駅から車で3分（送迎要予約） 🚗Pあり

`志摩・賢島周辺` ▶MAP 別 P.15D-2

`料金` 1泊2食付き 2名1室5万1100円〜（1名の料金） `IN` 15:00 `OUT` 12:00

ラウンジではお菓子や飲み物をセルフスタイルで

Best View
最上階の
宿泊者専用ラウンジ

サミットの会議が行われた場所。リアス海岸が織りなす英虞湾の美しい景色を一望できる。

海や森の景色が楽しめる上質なスーペリアスイート

☑ こちらもCHECK

世界トップクラスのスパで癒されタイム

オールハンドでトリートメントを行う「オー・スパ」。伊勢茶を使ったコースなどユニークなスパ体験ができる。

伊勢茶のシロダーラオイルを使用するコースがおすすめ

都リゾート 奥志摩
アクアフォレスト

みやこリゾート おくしま アクアフォレスト

山と海とのふれあいがコンセプト。メゾネットやコテージなど幅広い客室を揃えており、人数やシチュエーションによってチョイスできる。海を眺めながらリラックスできる天然温泉や室内プール（有料）、天文館などが楽しめる。

🏠 志摩市大王町船越3238-1 ☎0599-73-0001 🚃近鉄賢島駅から車で25分 🚗Pあり

`志摩・大王町周辺` ▶MAP 別 P.15D-3

`料金` 1泊2食付き 2名1室1万6000円〜（1名の料金） `IN` 15:00 `OUT` 11:00

英虞湾に沈む夕日も見逃せない！

山と海の美しい自然に
癒される非日常のひととき

☑ こちらもCHECK

期間限定のクルーザー送迎

賢島港から約25分のクルージングが楽しめる送迎プランがある。4月上旬〜10月までの期間限定で自然の魅力を体験できる。

要事前予約。1人1500円

Best View
ホテル棟の客室

ホテル棟の客室はすべて海に面しており、美しいリアス海岸と周辺の山々とがコラボした絶景を堪能できる。

広々とした造りのレギュラーツインルーム

🌿 「旅荘 海の蝶」の敷地内には「粟皇子（あわみこ）神社」という伊勢神宮内宮の摂社がある。

伊勢 志摩で見つけた お守りコレクション

ご利益別

伊勢 志摩の神社5社で、縁結び、道開き、芸能上達、健康の人気の授与品をGetしよう。

B 女性は赤、男性は白を持つ。シングルの人は、一体は本人、もう一体は神棚やタンスの上など高い場所に置いて祀る

縁結び

E ハートマークのかわいい絵馬。神社の境内に絵馬掛があるので、願いを書いて奉納する

E アワビの殻をかたどった、加布良古さんキーホルダー。神社のしおり付き

女性の願いを叶えます

A 佐瑠女神社の縁結びお守り。人と人、人と物と間の縁を結んでくれる

D 石神さんの本真珠付きストラップ型お守り。真珠の色は一つひとつ微妙に色が異なる

道開き

A 道開きの神、猿田彦大神のみちひらき御守。カラーバリエーションは全8種類

A 新しく物事を始めるときにパワーを授けてくれる、はじめの一歩御守

芸能上達

A 佐瑠女神社の芸能おまもり。日々の努力が形となるよう祈願。「うまくなる」シール付き

健康

C 足神さんのわらじ守り。病気平癒を願う人、足が悪い人、早く走りたい人に人気

ここで授与していただける

A 猿田彦神社 →P.100
B 二見興玉神社（夫婦岩）→P.98
C 宇治神社（足神さん）→P.101
D 神明神社（石神さん）→P.116
E 伊射波神社（加布良古さん）→P.117

开
伊勢・二見
ISE・FUTAMI

▌周辺スポットからの
▌アクセス

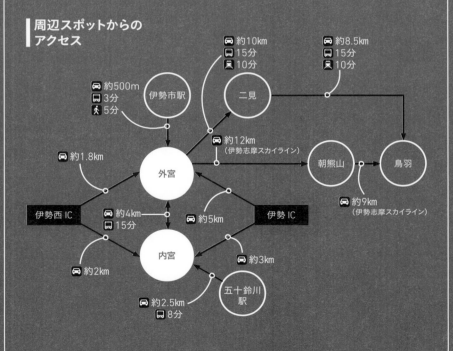

🚍 約10km
🚃 15分
🚶 10分

🚍 約8.5km
🚃 15分
🚶 10分

🚍 約500m
🚌 3分
🚶 5分

伊勢市駅

二見

🚗 約1.8km

🚗 約12km
（伊勢志摩スカイライン）

朝熊山

鳥羽

外宮

🚗 約9km
（伊勢志摩スカイライン）

伊勢西IC

🚗 約4km
🚌 15分

🚗 約5km

伊勢IC

🚗 約2km

内宮

🚗 約3km

🚗 約2.5km
🚌 8分

五十鈴川
駅

伊勢・二見早わかり！
（いせ・ふたみ）

内宮と外宮をお参りするだけじゃもったいない！ おはらい町＆おかげ横丁にはグルメや買い物が楽しめる店がズラリ。立ち寄りスポットも満載だ。二見方面など離れた場所は周遊バスが利用できる。

伊勢を巡る3つのコツ

週末は渋滞を避けて早めに到着しよう！

混雑する時期は年末年始、お盆、連休、祭りやイベント開催日。毎週日曜もかなり渋滞する。神宮は早朝5:00から参拝ができるので、できるだけ早く行こう。

二見や鳥羽方面へは周遊バスの「CANばす」で！

伊勢市内の移動に便利な「CANばす（→P.154）は、二見や鳥羽への観光にも利用価値大。何度も乗り降りするなら「伊勢鳥羽みちくさきっぷ」（→P.154）がお得。

ガイドの案内で神宮をマスター！

歴史などの解説をしながら外宮と内宮を案内してくれるガイドツアーがある。通年行っており、催行人数は1名〜。要予約、料金などの詳細は要問い合わせ。

問い合わせ
お伊勢さん観光案内人
TEL
0596-24-3501
（美し国観光ステーション）

問い合わせ
**伊勢市
お伊勢さん
観光ガイドの会**
TEL
0596-63-6262
（外宮前観光案内所）

伊勢町歩き王道コース

所要 約5時間

伊勢神宮の外宮と内宮を巡る。合間にグルメやショッピングも楽しめる！

START
JR・近鉄伊勢市駅

10:00
外宮をお参り
→P.38

外宮→内宮の順番でお伊勢参り

11:15
内宮に参拝
→P.56

12:45
ランチはテッパン、伊勢うどん！
→P.74

ふわふわの太麺ととろみのあるタレが特徴

14:00
おはらい町＆おかげ横丁でおみやげ探し
→P.88〜93

タイムスリップ気分でお買い物

15:00
赤福本店でひと休み
→P.82

GOAL
JR・近鉄伊勢市駅

上品な味わいの赤福餅

外宮〜内宮の交通ガイド

● バス
51・55系統のバスとCANばす、特急「神都ライナー」が外宮と内宮を行き来している。行きと帰りのルートが異なるので注意。

バス停	外宮前	内宮前
伊勢市駅前	180円	440円
内宮前	440円	—

※宇治山田駅前は伊勢市駅前と同じ料金

● タクシー
外宮の前にタクシー乗り場がある。内宮まで1600円〜。宇治山田駅から外宮〜内宮を巡る観光タクシー（→P.157）もある。

● レンタサイクル
伊勢市駅の手荷物預かり所や外宮前観光案内所でレンタサイクルが借りられる。シティサイクル4時間800円〜。

● 特急「神都ライナー」 ※記載停留所のみ停車
内宮前 ▶ 神宮会館前 ▶ 猿田彦神社前 ▶ 伊勢市駅前 ▶ 外宮前 ▶ 五十鈴川駅前 ▶ 内宮前

● 51系統「外宮内宮線」 ※主な停留所
内宮前 ▶ 神宮会館前 ▶ 猿田彦神社前 ▶ 五十鈴川駅前 ▶ 宇治山田駅前 ▶ 伊勢市駅前 ▶ 外宮前 ▶ 五十鈴川駅前 ▶ 猿田彦神社前 ▶ 神宮会館前 ▶ 内宮前

● 55系統「外宮内宮線」 ※主な停留所
内宮前 ▶ 神宮会館前 ▶ 猿田彦神社前 ▶ 外宮前 ▶ 宇治山田駅前 ▶ 伊勢市駅前 ▶ 外宮前 ▶ 猿田彦神社前 ▶ 神宮会館前 ▶ 内宮前

● CANばす ※主な停留所
宇治山田駅前 ▶ 伊勢市駅前 ▶ 外宮前 ▶ 五十鈴川駅前 ▶ 猿田彦神社前 ▶ 神宮会館前 ▶ 内宮前

お伊勢参りの出発地点！

1 外宮周辺
げくうしゅうへん

JR・近鉄伊勢市駅から外宮へは外宮参道を歩いて、ショップや飲食店に寄り道しながら向かう。駅周辺にあるホテルは参宮の拠点になる。

鳥居の向こうに神聖な空気が漂う

外宮 →P.38
月夜見宮 →P.95
外宮参道 →P.50~55

内宮と古い町並みを満喫

2 内宮周辺
ないくうしゅうへん

鳥居をくぐり宇治橋を渡って内宮へ。周辺にはお伊勢参りで栄えたおはらい町がある。真ん中にある江戸時代を再現したおかげ横丁にはテイクアウトグルメが盛りだくさん！

宇治橋を渡り内宮へ

内宮 →P.56
おはらい町＆おかげ横丁 →P.66~93
猿田彦神社 →P.100

歴史が色濃く残るかつての問屋街

3 河崎
かわさき

JR・近鉄伊勢市駅の北東にある勢田川の水運を生かしたかつての問屋街。川に沿って蔵や町家の立ち並ぶ歴史ある町並みが続く。蔵を利用した観光スポットやショップもチェック！

趣ある建物が並ぶ

伊勢河崎商人館 →P.102
茶房 河崎蔵 →P.102
中谷武司協会 →P.103

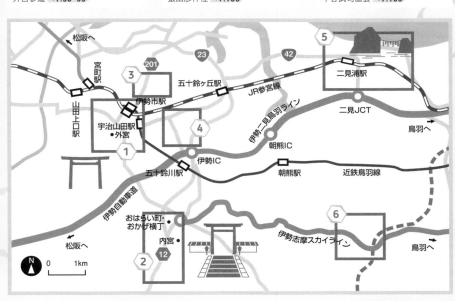

神宮の歴史と芸術を学ぶ

4 神宮徴古館周辺
じんぐうちょうかんしゅうへん

外宮と内宮を結ぶ御幸道路の真ん中、倉田山の深い森の中に内宮の別宮、倭姫宮が鎮座している。周辺には神宮の歴史を学べる、神宮徴古館、神宮農業館、神宮美術館の3館がある。

貴重な資料を展示している神宮徴古館

倭姫宮 →P.95
神宮徴古館 →P.47

朝日が昇る夫婦岩を求めて

5 二見周辺
ふたみしゅうへん

五十鈴川が伊勢湾に流れ出す河口に位置する。神宮参拝客の旅籠町として古くから栄えたエリアで、二見興玉神社の参道には歴史ある宿が立ち並ぶ。JR二見浦駅から徒歩で散策できる。

朝日で赤く染まる夫婦岩

二見興玉神社（夫婦岩）→P.98
賓日館 →P.104

標高500mの絶景を望む

6 朝熊山周辺
あさまやましゅうへん

伊勢と鳥羽を結ぶ有料自動車道、伊勢志摩スカイラインの最高所にある。見どころは山頂展望台や金剛證寺など。移動は車が基本だが、土・日曜・祝日には参宮バス（→P.155）が運行している。

朝熊山頂展望台の絶景足湯

朝熊山頂展望台 →P.25
朝熊岳金剛證寺 →P.25

伊勢神宮のキホン①
お参りは外宮から！

"一生に一度はお伊勢参り"といわれる伊勢神宮。正式には神宮といい、天照大御神をお祀りする内宮と、豊受大御神を祀る外宮を中心に125社がある。

伊勢神宮を
外宮からお参り

お参りのキホン
外宮から参拝するのが慣わし
神宮のお祭りは「外宮先祭」といい、外宮から行われることに由来する

お参りのキホン
外宮では左側、内宮では右側を歩く
手水舎の位置が外宮は左側、内宮は右側にあることがゆえんだそう

お参りのキホン
鳥居をくぐる前に一礼を
外界と神域を区切る結界を意味する鳥居。くぐるときは一礼を

天照大御神の食事を司る神
豊受大神宮（外宮）
とようけだいじんぐう（げくう）

正式名は豊受大神宮。衣食住や産業の神として崇拝される豊受大御神が祀られている。日別朝夕大御饌祭（P.39参照）は1500年続く神事。域内に3つの別宮がある。

🏠 伊勢市豊川町279　☎0596-24-1111（神宮司庁）　🕐1〜4・9月は5:00〜18:00、5〜8月は〜19:00、10〜12月は〜17:00　🈺無休　🈯参拝自由　🚉JR・近鉄伊勢市駅から徒歩5分　🚗P434台
外宮周辺 ▶MAP 別 P.4B・C-1

勾玉池の菖蒲園
まがたまいけ　しょうぶえん

せんぐう館の前にある勾玉の形をした池で、奉納舞台が浮かぶ。池の西側に菖蒲園があり、5月中旬から6月にかけて見頃になる。

〔 How to 〕
伊勢神宮攻略テク

①ガイドツアーでより詳しく
観光協会によるお伊勢さんガイドや、お伊勢さん観光案内などによるガイドツアーがある。専門ガイドによる歴史や作法などが聞ける。
➡P.36

②お得な「伊勢神宮参拝きっぷ」
伊勢神宮周辺を巡るのにお得な、近鉄電車フリー区間と三重交通のバスが指定エリア内乗り放題になる切符。内宮と外宮間にも使える。
➡P.155

③「朔日参り」でいいひと月を
ついたち
毎月1日に神宮にお参りする「朔日参り」の風習がある。1日の早朝にお参りし、ひと月無事であった感謝と新しい月の無事を祈る。
➡P.84

ココは外せない！
外宮の見どころハイライト3

1 正宮 (しょうぐう)

豊受大御神を祀る御正殿がある、境内で最も神聖な場所。鳥居から先は写真撮影禁止。
→P.43

2 多賀宮 (たかのみや)

石段の上の高い場所にある、外宮の第一位の別宮。豊受大御神荒御魂が祀られている。
→P.43

山の上にある

外宮MAP

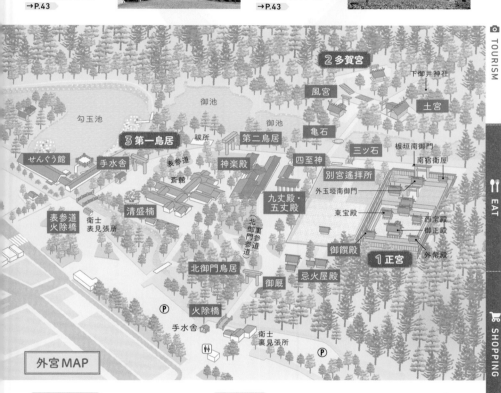

2 多賀宮
下御井神社
風宮
土宮
御池
勾玉池
御池
3 第一鳥居
祓所
第二鳥居
亀石
三ツ石
板垣南御門
せんぐう館
手水舎
表参道
神楽殿
四至神
南宿衛屋
斎館
別宮遥拝所
外玉垣南御門
清盛楠
九丈殿・五丈殿
東宝殿
西宝殿
御正殿
表参道火除橋
衛士見張所
北御門裏参道
御饌殿
外幣殿
北御門鳥居
御厩
忌火屋殿
1 正宮
火除橋
手水舎
衛士見張所
P
P

3 第一鳥居

表参道火除橋の正面の、森の前に佇む第一鳥居。この先が神域の神聖な場所となる。
→P.41

What is

日別朝夕大御饌祭 (ひごとあさゆうおおみけさい)

1500年続く神事。忌火屋殿で天照大御神をはじめとする神々のお食事、神饌を用意し、毎日朝と夕方、御饌殿に運びお供えする。神饌はご飯、魚、野菜、塩、お酒など品目が決まっている。

日別朝夕大御饌祭は季節により、朝は8〜9時、夕方は3〜4時頃に行われる。

すべての見どころ制覇！
外宮60分参拝コースへ

所要時間
約60分

伊勢市駅から徒歩5分ほどでアクセスできる外宮。駅からまっすぐにのびる参道を通り、
お伊勢参りがスタート。慣わしにのっとり外宮からゆっくり巡ろう。

▶外宮モデルルート

1 表参道火除橋（おもてさんどうひよけばし）
2 手水舎（てみずしゃ）
3 清盛楠（きよもりくす）
4 第一鳥居（だいいちとりい）
5 第二鳥居（だいにとりい）
6 神楽殿（かぐらでん）
7 別宮遙拝所（べつぐうようはいじょ）
8 三ツ石（みついし）
9 正宮（しょうぐう）
10 亀石（かめいし）
11 多賀宮（たかのみや）
12 土宮（つちのみや）
13 風宮（かぜのみや）
14 四至神（みやのめぐりのかみ）
15 九丈殿・五丈殿（くじょうでん・ごじょうでん）
16 御饌殿（みけでん）
17 北御門鳥居（きたみかどとりい）
18 御廐（みうまや）
19 火除橋（ひよけばし）
20 せんぐう館（かん）

一五〇〇年の長きにわたり
天照大御神の食を司る

POINT
裏参道の北御門鳥居からも入れるが、表参道から第一鳥居を通って宮内へ

外宮入口にある大きな松の木

─What is─

衛士見張所（えしみはりじょ）

警備や護衛、案内などを任務とする衛士が駐在。神宮のイラストマップを配布。ペットの預かり所もある。

1 表参道火除橋（おもてさんどうひよけばし）

名前の通り、神宮内に火事が延焼するのを防ぐために堀川に架けられた橋。表参道と裏参道それぞれにあり、渡るときは左側通行で。

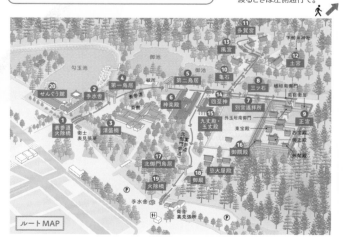

ルートMAP

2 手水舎 (てみずしゃ)

橋を渡ると左側にある、石造りの手水舎。手水舎が左にあることから、火除橋は左側通行なのだという。流水で手を清めてから境内へ。

小屋がけされた大きな手水舎

3 清盛楠 (きよもりぐす)

平清盛の冠が枝に触れたため、枝を伐らせたという楠。推定樹齢900年の古木。

いわれのある楠の古木

How to

手水の仕方

手や口を洗い清めるのは、不浄を取り除く禊を簡略化した儀式。

①手を清める

柄杓の場合は左手、次に右手を清める。柄杓がないときも同じように。

②口を清める

柄杓があるときは右手で柄杓を持ち左手で水を受け、口をすすぐ。

**My 柄杓を
ゲットするテも！**

自分専用の柄杓を持って行くのも。神宮会館で販売している。

☎0596-22-0001

🏠 伊勢市宇治中之切町152　⊗バス停神宮会館からすぐ　🚗P200台

おはらい町 ▶MAP 別 P.7D-2

式年遷宮の際に使われた御用材の残材で作られた柄杓1000円

POINT

神宮参拝の最初にくぐる鳥居。鳥居と比べると、背後の森の木々の大きさが際立つ

身と心を清め
鳥居を通れば神域へ

鳥居をくぐると空気が変わる

---

4 第一鳥居 (だいいちとりい)

表参道の先にある、外宮の玄関口。まさに神域との境界をなしている。

注連縄が
鳥居を隠らす

5 第二鳥居 (だいにとりい)

神楽殿に向かう手前にある第二鳥居。さらに正宮へと近づき、神聖な雰囲気をまとう。

※次ページへ

神宮には注連縄（しめなわ）はなく、鳥居には榊（さかき）が付けられている。榊は"境になる木"の意味もある。　41

POINT
正宮に向かう参道の右手にあり、神楽殿の左側にご祈祷受付とお神札授与所がある

大御神様のご加護を
神楽殿で受ける

⑥ 神楽殿

ご祈祷の御饌や御神楽を行う入母屋造りの建物。お札やお守りの授与、ご朱印帳の捺印はここで。

⌈ How to ⌋
ご祈祷の申し込み方法

事前の予約は不要。祈祷受付で御饌と御神楽の申し込みが随時できる。

① 御饌
お祓いのあと御神前にお米や酒、海の幸、山の幸などの神饌を供え祝詞の奏上を行う。

② 御神楽
御饌に加え、雅楽の演奏で優雅な舞を奉納してご祈祷し、願い事を大御神に届ける。

時間 8:00～16:00
料金 御饌初穂料5000円～（5名まで）
御神楽（倭舞）1万5000円～（15名まで）

⑦ 別宮遥拝所

別宮の多賀宮に参拝できない場合、ここから拝む。神前を清浄に保つ白い御白石が目印。

縄が張られ御白石が敷かれている

お祓いの場所を示す神聖な石

⑧ 三ツ石

御装束神宝（神様がお使いになる調度品など）や奉仕員を祓い清める式年遷宮の、川原大祓が行われる場所。

杉の巨木
神宮にある樹齢数百年ともいわれる巨木は神宮杉と呼ばれている。

数百年の時を幹から感じる

神様に最も近づく
外宮のハイライト

POINT
四重の垣根に
囲まれた正宮。
中にある御正殿
に豊受大御神
が祀られている

古殿地
遷宮の際、正宮が移
される場所。覆屋の
中に神聖な心御柱
が納められている。

9 正宮

天照大御神の食事を司る御饌都神
として、内宮の鎮座約500年後に現
在の場所に迎えられた。現在も毎
日、食事が供えられている。

正宮を囲う垣根にも
榊が付けられている

10 亀石

別宮に向かう途中の御池に架かる
石橋。大きな一枚岩で、亀が甲羅
から顔を出しているように見える。

飛び出たところが亀の頭

別宮
御正宮の「わけみや」の意で、外宮に
4カ所、内宮に10カ所の別宮がある

石段を上って

11 多賀宮

祭神 豊受大御神荒御魂

豊受大御神の荒御魂が祀られている、外宮
内にある4つの別宮の第一位。石段を上っ
た山の頂にあり高宮と呼ばれていた。

※次ページへ

別宮は内宮・外宮それぞれにあり、境内にあるものと、月夜見宮のように宮域外にもある。

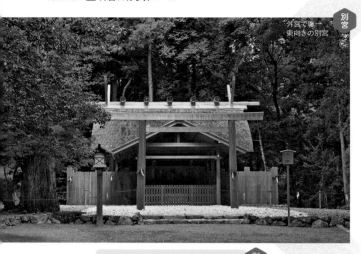

外宮で唯一
東向きの別宮

別宮

12 土宮 つちのみや

祭神 大土乃御祖神 おおつちのみおやのかみ

古くから宮域の地主神、宮川堤防の守護神として崇められてきた別宮。

下御井神社 しものみいのじんじゃ

外宮の所管社。内部に井戸があり、何かあった場合ここの御水を使用する。

14 四至神 みやのめぐりのかみ

石畳の上に祀られた外宮の守り神。四至とは神域の四方を意味する。

1本の榊の木が四至神の目印に

こちらが五丈殿

多賀宮の石段の下に鎮座

別宮

13 風宮 かぜのみや

祭神 級長津彦命 しなつひこのみこと
級長戸辺命 しなとべのみこと

農作物の生育に重要な、雨と風を司る2柱の神が祀られている。

WOW!

五丈殿の正面の長さは約15m、九丈殿は約27m

15 九丈殿・五丈殿 くじょうでん・ごじょうでん

雨天のときに神饌などを祓い清める場所。表参道から見て右手前が九丈殿、奥が五丈殿。

正宮内にあり
遠くに屋根が見える

16 御饌殿 みけでん

日別朝夕大御饌祭が行われる建物。見学はできない。

神域の出口に静かに佇む鳥居

POINT
玉砂利の敷き詰められた裏参道から出口へ。最後まで一礼を忘れずに

17 北御門鳥居（きたみかどとりい）

外宮には3つの鳥居があり、最後のひとつは裏参道（北御門参道）に立つ。

神馬は常にいるわけではない

18 御厩（みうまや）

皇室から献上された2頭の神馬がいる厩。

19 火除橋（ひよけばし）

堀川に架かるもうひとつの火除橋。表参道同様、火災の延焼を防ぐ役目がある。

20 せんぐう館（かん）

20年に一度の式年遷宮について知ることができる。外宮正殿の原寸大模型も展示。→**P.46**

勾玉池に面した奉納舞台とせんぐう館

外宮から徒歩10分の別宮
月夜見宮へ

外宮の西、神路通りの先にある外宮で唯一、宮域外にある別宮。古木に囲まれてひっそり立つ。
→**P.95**

式年遷宮のすべてがわかる

せんぐう館に潜入！

せんぐう館は2019年11月にリニューアルオープン。神宮の成り立ちから正殿の原寸大模型まで、
知られざる神宮の内部を知ることができる。

レポート **01**

正殿の原寸大模型が圧倒的！

外宮殿舎配置模型と、高さ12.4mの外宮正殿原寸大模型。立ち入ることができない正宮御垣内の様子を知ることができる。

普段見ることができない正殿の姿を仰ぎ見る

ようこそ

レポート **02**

受付では正殿の門が出迎えてくれる

外宮正殿に備えられていた御扉の実物。昭和28（1953）年に造られたもの。鍵穴や取っ手に施された繊細な装飾に息をのむ。

山の神に感謝する鳥総

レポート **03**

御用材を巡る森の再生とは？

大正12(1923)年に森林計画を策定し、伊勢神宮の宮域内で御用材檜を育てている。御用材として使えるようになるにはあと100年かかるという。

レポート **04**

遷御の儀を模型と映像で再現！

式年遷宮の中で最も重要な儀式「遷御」の様子を、1/6スケールのジオラマで再現。遷御の威儀具や神宝も細かに表現してある。スクリーンでは、実際の映像が見られる。

外宮内の博物館

せんぐう館
せんぐうかん

外宮の勾玉池に面して立ち、式年遷宮について詳しく学べる。式年遷宮の際に新調される御装束神宝の工芸技術や外宮正殿の原寸大模型など見ごたえがある。館内は撮影禁止。

🏠 伊勢市豊川町前野126-1　☎0596-22-6263
🕘9:00～16:00（観覧は16:30まで）　🈺第2・4火曜（祝日の場合は翌日休）　🈳入館300円
🚉JR・近鉄伊勢市駅から徒歩5分　🚗P外宮駐車場利用

外宮周辺 ▶MAP 別P.6A-3

46

TOURISM

もっともっと伊勢神宮のことを知りたい！

博物館で歴史と文化に触れる

伊勢神宮が管轄する3つの博物館へ。館内には奉納品など展示品がずらり。
いずれも倭姫文化の森にあり、2時間あれば3館すべて回れる。

重厚な建物自体が見どころ

ルネッサンス様式の建物で神宮の神宝を展示

ルネッサンス様式の外観

神宮徴古館
じんぐうちょうこかん

明治42（1909）年に日本初の私立博物館として創設された伊勢神宮の"歴史と文化の総合博物館"。神宮の祭典で使用する祭器具、式年遷宮に関する資料などを展示している。

🏠 伊勢市神田久志本町1754-1 ☎0596-22-1700 ⏰9:00～16:00（観覧は16:30まで）㊡木曜（祝日の場合は翌平日休）㊓入館500円 🚌バス停徴古館前から徒歩3分 🚗P50台

神宮徴古館周辺 ▶MAP 別P.5D-1

神宮の歴史を感じられるのはこの博物館だけ

建物は徴古館と同じ片山東熊の設計

日本最初の産業博物館

神宮農業館
じんぐうのうぎょうかん

京都の平等院鳳凰堂をイメージした外観。農・林・水産業に関する資料、皇室から賜った物、神宮のお供え物などを展示している。

🏠 伊勢市神田久志本町1754-1 ☎0596-22-1700 ⏰9:00～16:00（観覧は16:30まで）㊡木曜（祝日の場合は翌平日休）㊓入館500円（神宮徴古館と共通）🚌バス停徴古館前から徒歩3分 🚗P50台

神宮徴古館周辺 ▶MAP 別P.5D-1

貴重な美術工芸品が並ぶ

外観はクラシカルだが内部はモダンな現代建築

神宮美術館
じんぐうびじゅつかん

式年遷宮を奉賛して神宮に奉納された美術工芸品を展示している。絵画から書、陶芸・金工・染織などの工芸品まで多岐にわたる。当代随一の美術・工芸家の作品を観賞できる。

🏠 伊勢市神田久志本町1754-1 ☎0596-22-5533 ⏰9:00～16:00（観覧は16:30まで）㊡木曜（祝日の場合は翌平日休）㊓入館500円 🚌バス停徴古館前から徒歩3分 🚗P50台

神宮徴古館周辺 ▶MAP 別P.5D-1

周辺には庭園もあり、散策もできる

👀見るべき！POINT
- ☑ 国の登録有形重要文化財になっている建物
- ☑ 神々に奉納された数々の歴史的資料
- ☑ 伊勢参宮宮川渡しの図などの参宮関係資料

👀見るべき！POINT
- ☑ 伊勢神宮の神事でお供えする神饌
- ☑ 明治時代の産業資料

👀見るべき！POINT
- ☑ 巨匠たちによる名作日本画・洋画
- ☑ 漆芸、陶芸、染織など伝統工芸品の数々

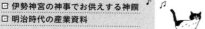

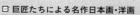
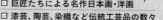

神々に奉納された宝物が見たいなら神宮徴古館、神宝に使われる伝統技術を知りたいならせんぐう館、美術作品を見るなら神宮美術館へ。

式年遷宮
しきねんせんぐう

20年に一度行われる
神様のお引っ越し

式年遷宮とは、20年に一度社殿を建て替え、御神体をお遷しする儀式。伊勢神宮が1300年以上もの間同じ姿であり続けてきたのは、式年遷宮があったからなのだ。

第1回目の式年遷宮が行われたのは

今から約1330年前、持統天皇4（690）年。戦国時代は中断されたりしたものの、20年という式年にのっとり遷宮が繰り返されてきた。直近では平成25（2013）年に62回目が行われた。

式年遷宮を行う8年前に、社殿の建築に必要な御用材を伐り出すお祭りと行事が始まる。4年前には宇治橋の架け替えがあり、33もの祭儀や行事を経て遷御に至る。社殿の建て替えと同時に、1500点を超える御装束や神宝も新調される。昔からの技法で職人が手がける作品の数々は、日本の伝統と文化そのもの。遷宮により、すべてのものが常に若返る"常若"となり、未来へと受け継がれていくのである。

次回の式年遷宮は2033年の予定。

第62回 式年遷宮の流れ

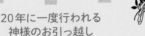 御神木にまつわる行事

架け替えられた宇治橋の、渡りはじめの儀式

山口祭（やまぐちさい）	平成17年5月
木本祭（このもとさい）	平成17年5月
御杣始祭（みそまはじめさい）	平成17年6月
御樋代木奉曳式（みひしろぎほうえいしき）	平成17年6月
御船代祭（みふなしろさい）	平成17年9月
御木曳初式（おきひきぞめしき）	平成18年4月
木造始祭（こづくりはじめさい）	平成18年4月
御木曳行事（第一次）（おきひきぎょうじ）	平成18年5〜7月
仮御樋代木伐採式（かりみひしろぎばっさいしき）	平成18年5月
御木曳行事（第二次）（おきひきぎょうじ）	平成19年5〜7月
鎮地祭（ちんちさい）	平成20年4月
宇治橋渡始式（うじばしわたりはじめしき）	平成21年11月
立柱祭（りっちゅうさい）	平成24年3月
御形祭（ごぎょうさい）	平成24年3月
上棟祭（じょうとうさい）	平成24年3月
檐付祭（のきつけさい）	平成24年5月

式年遷宮にあたり、御用材の搬出と安全を神様に祈る祭り

御神体を納める御樋代のための御用材を曳き入れる儀式

伐り出された御用材を内宮・外宮に曳き入れる伝統行事

棟木から伸ばされた綱を曳いて、棟木を御正殿に上げるお祭り

式年遷宮の うんちく

◆ 14の別宮も 合わせて引っ越し

式年遷宮で社殿が建て替えられるのは、内宮、外宮の正宮のほか、14ある別宮も含まれる。「遷御の儀」は別々に行われる。第62回の式年遷宮では、10月2日にまず内宮、同5日に外宮、別宮は翌々年3月15日まで順次行われた。

内宮の別宮、風日祈宮

◆ 移る場所・新宮はすぐ隣

新宮が建造される御敷地は現在の正宮のすぐ隣。外宮だと正宮の東側がその御敷地にあたり、参道から見ることができる。新宮には「遷御の儀」の翌日から参拝でき、旧社殿が取り壊されるまでの数カ月は新旧の社殿が並ぶ。

新宮となる場所には履屋がある

◆ 御用材の調達は 200年がかり

第1回式年遷宮から、社殿に利用する木材（御用材）はすべて伊勢神宮所有の森（神宮宮域林）でまかなっていたが、鎌倉時代には適材が不足し、以降は木曽の檜を使用。大正12（1923）年に森林経営計画が策定され、200年後の檜の自給自足を目指している。第62回式年遷宮では、御用材の約2割を宮域林で供給した。これはなんと鎌倉時代以来とのこと。

すべて国産の檜を使うため、計画的に行われる

◆ 一般の人が見学できるものも

式年遷宮では、9年かけて33のお祭りと行事が行われる。なかには参拝時間中に行われるものも。「遷御の儀」は見学不可。

社殿建設にまつわる行事　→　神遷しの遷御にまつわる行事

薦祭（こもまつり）	平成24年7月
御白石持行事（おしらいしもちぎょうじ）	平成25年7月～8月
御戸祭（みとさい）	平成25年9月
御船代奉納式（みふなしろほうのうしき）	平成25年9月
洗清（あらいきよめ）	平成25年9月
心御柱奉建（しんのみはしらほうけん）	平成25年9月
杵築祭（こつきさい）	平成25年9月
後鎮祭（ごちんさい）	平成25年10月
御装束神宝読合（おんしょうぞくしんぽうどくごう）	平成25年10月
川原大祓（かわらおおはらい）	平成25年10月
御飾（おかざり）	平成25年10月
遷御（せんぎょ）	平成25年10月
大御饌（おおみけ）	平成25年10月
奉幣（ほうへい）	平成25年10月
古物渡（こものわたし）	平成25年10月
御神楽御饌（みかぐらみけ）	平成25年10月
御神楽（みかぐら）	平成25年10月

新宮に敷き詰める御白石を奉納する行事。無形民俗文化財

遷御の前日、新調された神宝・御装束を川原祓所で清める儀式

神様が本殿から新殿へとお遷りになる、式年遷宮の大事なお祭り

EAT

参拝前後のお楽しみ☆

外宮参道で食べる、買う

JR・近鉄伊勢市駅から外宮へは、外宮参道を歩いて約5分。
道沿いには伊勢を代表する名店が並び、食事やテイクアウトグルメ、おみやげ探しも！

What is

外宮参道

伊勢市駅から外宮手前の交差点までの約400mの参道。通り沿いにショップや食事処など約60店舗が並んでいる。

観光案内所

外宮前には観光案内所があり、各種観光案内や手荷物預かり、レンタサイクル（4時間800円〜）も行っている。→P.156

外宮前観光案内所
☎ 0596-23-3323　🕒 8:30〜17:00　㊡無休
外宮参道 ▶MAP 別P.6A-3

手荷物預け

手荷物預かり所は伊勢市駅南口を出て左手にある。当日13:10までに預かった荷物を、同日に伊勢・志摩・鳥羽に配送してくれる（1個1000円、離島は除く）。

伊勢市駅手荷物預かり所
☎0596-65-6861
🕒9:00〜17:30　㊡無休
💴1個500円
外宮参道 ▶MAP 別P.6C-2

---

① オリジナルの伊勢コスメが揃う

おいせさん 外宮本店
おいせさん げくうほんてん

ココロとカラダをデトックスする、天然コスメを販売。ミネラル塩配合のコスメにはお清め効果も！

🏠 伊勢市本町13-23　☎0596-65-6103　🕒11:00〜16:00　㊡無休　🚃JR・近鉄伊勢市駅から徒歩4分　🚗Pなし
外宮参道 ▶MAP 別P.6A-2

お浄め塩ボディソープ ● 2420円

お浄め塩ハンドジェル ● 1320円

お浄め塩スプレー ● 1100円

あそらの茶屋 →P.52

山村みるくがっこう

赤福 外宮前店 →P.83

おいせさん 外宮本店 ①

豚捨 外宮前店 →P.53

②

⑤ 匠の一座 本店

外宮前観光案内所

外宮

徒歩約1分

フランス料理 ボンヴィヴァン →P.30

21時にアイス 伊勢以 →P.54

木下茶園 外宮前店 →P.54

ダンデライオン・チョコレート →P.55

一番人気のプリンソフトは数量限定 ● 350円

人気のソフトクリーム ● 300円

② 大正8年創業の山村乳業の直営店

山村みるくがっこう 外宮前店
やまむらみるくがっこう げくうまえてん

ミルク本来の味が生きている山村牛乳180mlをはじめ、ヨーグルトやソフトクリームなどの自社製品を販売。

🏠 伊勢市本町13-6　☎090-8077-4563　🕒10:00〜17:00　㊡無休　🚃JR・近鉄伊勢市駅から徒歩5分　🚗Pなし
外宮参道 ▶MAP 別P.6A-2

③ 懐かしのばんじゅうが名物

三ツ橋ぱんじゅう
みつはしぱんじゅう

はちみつを加えた生地で餡などを包んで焼いたぱんじゅう。7種類以上のオリジナルのぱんじゅうがある。

🏠 伊勢市本町5-3 ☎0596-29-3284 🕚11:00〜16:00（土・日曜は10:00〜17:00）㊡水・木曜 🚃JR・近鉄伊勢市駅から徒歩2分 🚗Pなし
`外宮参道` ▶MAP 別 P.6B-2

店頭で焼き上げている

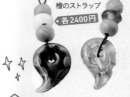
伊勢勾玉と伊勢檜のストラップ ●各2400円

●1210円

●1540円
刃物店の爪切り

●1個150円〜
（販売は3個〜）

④ 外宮参道の拠点となる老舗店

伊勢菊一
いせきくいち

明治40（1907）年からこの場所に店を構える刃物店。勾玉池にちなんだ勾玉や、神宮に関する書籍、伝統工芸品などを販売。

🏠 伊勢市本町18-18 ☎0596-28-4933 🕘9:00〜17:00 ㊡木曜 🚃JR・近鉄伊勢市駅から徒歩3分 🚗Pなし `外宮参道` ▶MAP 別 P.6B-2

ひごと
→P.53

地物海鮮料理
伊勢網元食堂
→P.53

③ 外宮参道
三ツ橋ぱんじゅう

JR伊勢市駅

④
伊勢菊一

mirepoix
→P.30

伊勢市駅
手荷物預かり所

おみやげに人気のおせんべい、お木曳（きひき）の唄
●650円

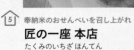
パリッといい歯ごたえ！

太い麺に濃褐色のつゆ。昔から伊勢で親しまれてきた伊勢うどんをおみやげに

伊勢うどん
●480円（1食入）

⑤ 奉納米のおせんべいを召し上がれ

匠の一座 本店
たくみのいちざ ほんてん

神宮への奉納米「イセヒカリ」を販売。そのお米と特別醸造した醤油を使用したせんべいが好評。

🏠 伊勢市本町19-19 ☎0596-22-8108 🕙10:00〜16:00 ㊡木曜 🚃JR・近鉄伊勢市駅から徒歩4分 🚗Pなし
`外宮参道` ▶MAP 別 P.6B-2

お伊勢さんのお米
●760円（3合用）

自社契約栽培の奇跡の稲「イセヒカリ」

EAT

海産物からブランド肉まで！
外宮参道で名物グルメ！

参拝の前後に寄りたい、外宮参道の名店をピックアップ。
アワビや松阪牛など、伊勢 志摩の味覚を思う存分味わおう。

外宮参拝前に
ココでアワビの朝粥が"ツウ"！

厚切りで滋味
あふれるアワビ

How to
朝粥の食べ方

フタをして運ばれてくる。
開ける瞬間が楽しみ

↓

殻にのった蒸しアワビは
別皿で提供される

↓

まずはお粥をそのまま味
わい、次にアワビをのせて

↓

昆布とカツオのだし入り
の秘伝のタレをかけて

早起きして食べたい絶品朝粥
あそらの茶屋
あそらのちゃや

朝の営業には伊勢エビやサザエなど5種から
選べる御饌の朝かゆ1230円〜が登場し、参
拝前の腹ごしらえに最適。迷ったら、ふっく
らとやわらかく煮上げた肉厚アワビをぜひ。

🏠 伊勢市本町13-7 伊勢せきや本店2F ☎05
96-65-6111 🕐朝かゆ7:30〜10:00、昼げ11:
30〜14:30 🈺水曜 🚃JR・近鉄伊勢市駅か
ら徒歩5分 🅿Pあり

外宮参道 ▶MAP 別 P.6A-2

外宮前・伊勢せき
や本店の2階

御饌の朝かゆ 鮑
2200円

アワビをお粥にのせると磯の
香りが立ち上り、食欲をそそる

おみやげにも喜
ばれる参宮あ
わび3434円〜

お粥

食前酒

焼き魚

赤ダシ

季節の小鉢

1階のショップでは自
宅用の朝かゆ360円を
販売

上質な伊勢肉を使ったオリジナル牛丼をどうぞ

やわらかく濃厚な伊勢肉が美味！

牛丼 上
1600円

伊勢肉のバラ肉とネックのスライス、タマネギにタレが染みてご飯がすすむ

明治42年創業の伊勢牛専門店

豚捨 外宮前店
ぶたすて げくうまえてん

上質な伊勢肉を味わうなら、豚捨一択。注文後に一杯ずつ仕上げる上牛丼は、たまり醤油ベースのタレが具材に染みて箸が止まらぬ旨さ。町歩きのお供にはコロッケ120円を。

1階はカウンターとテーブル、2階には座敷もある

🏠 伊勢市岩渕1-1-33　☎0596-25-1129　🕐11:00～14:30LO、17:00～20:00LO　休木曜（臨時休業あり）　🚃JR・近鉄伊勢市駅から徒歩5分　🚗Pなし

外宮参道 ▶MAP 別 P.6B-2

とれたての海の幸を
定食やお酒と一緒に味わう

♪ ♪

盛り付けも美しい♪

五種盛り定食
2500円

その日にとれた新鮮な海の幸を5種類盛り合わせたお造り。サラダや小鉢付き

選りすぐりの地物に舌鼓

地物海鮮料理 伊勢網元食堂
じものかいせんりょうり いせあみもとしょくどう

昼は伊勢や志摩の新鮮な魚介を堪能できる定食が中心。夜は各自で焼いて味わう網元貝焼（1個390円）などと一緒に三重の地酒を楽しめる。網元特製海鮮丼2300円も人気。

🏠 伊勢市本町18-27　☎0596-65-6417　🕐11:00～14:30LO、17:00～20:30LO　休無休　🚃JR・近鉄伊勢市駅から徒歩3分　🚗Pなし

外宮参道 ▶MAP 別 P.6B-2

自家製のタレが絡んだ肉がぎっしり

山椒をかけていただきます！

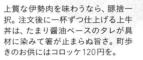

極上ステーキ重
2200円

ほどよいサシの入ったイチボを使用。自家製のタレとの相性もバッチリ

選び抜かれた牛肉のステーキ重専門店

ひごと

国産牛と松阪牛を使ったステーキ重を提供。注文を受けてから肉をご飯にのせ、自家製の甘辛のタレをたっぷり。こだわり生玉子100円のトッピングもおすすめ。

🏠 伊勢市本町5-5　☎0596-72-8828　🕐11:00～14:00LO　休木曜　🚃JR・近鉄伊勢市駅から徒歩3分　🚗Pなし

外宮参道 ▶MAP 別 P.6B-2

外宮参道には、おはらい町＆おかげ横丁の人気店の支店があり、比較的空いていて利用しやすい。

EAT

おいしくって、フォトジェニック

素敵カフェで"映え"スイーツ♡

映え NO.1
紫芋モンブラン
650円

かわいくてバリエ豊富な夜に食べたいアイスクリーム

アイスクリームの上に生クリームとなめらかなサツマイモのペーストをオン!

マローブルーというハーブにレモンジュースを加えたマジックレモネード。化学反応でみるみる色が変わる

映え NO.1
マジックレモネード
500円（右）
ほうじ茶和三盆
780円（左）

カラフルドリンクに思わずキュン!です

2022年7月、外宮前にオープン
21時にアイス 伊勢店
にじゅういちじにアイス いせてん

アイスクリーム専門店。夕食後の21時に食べるアイスをコンセプトに、濃厚ながら後味さっぱり。20種類以上のラインナップがあり、さらに＋30円でトッピングも!

🏠伊勢市本町14-3 ☎0596-65-6717
🕐11:00〜23:30LO ㊡不定休 🚃JR・近鉄伊勢市駅から徒歩5分 🚗Pなし

外宮参道 ▶MAP 別 P.6A-3

こちらもオススメ

黒糖きなこ550円などの和風や、チョコやフルーツ系も。和風には白玉のトッピングが合う

老舗茶葉店が営むカフェ
木下茶園 外宮前店
きのしたちゃえん げくうまえてん

昭和12(1937)年創業のお茶屋さんが経営。伊勢茶やハーブを使ったオリジナルスイーツが人気で、白玉や黒蜜もすべて自家製。伊勢茶のショップを併設している。

🏠伊勢市岩渕1-1-31 ☎0596-24-6747 🕐11:00〜16:30LO（ショップは10:30〜17:30）㊡水曜（祝日の場合は翌日休）、月1回不定休 🚃JR・近鉄伊勢市駅から徒歩5分 🚗Pなし

白玉に抹茶きな粉をかけ、抹茶アイスをトッピングした伊勢抹茶きな粉白玉 900円

外宮参道 ▶MAP 別 P.6B-2

交差点を挟んで外宮の向かい側。ネオンサインが目印

店内でイートインしても、もちろんテイクアウトもOK

テイクアウトの場合はカウンターで直接注文して

レストランやショップの入った豊恩館の1階に店がある

TOURISM
EAT
SHOPPING
PLAY

外宮参道とその周辺にはおしゃれなカフェが点在している。各店自慢の映えスイーツをチェック。写真を撮ったら、SNSに即アップしちゃおう!

大人のチョコレート

こだわりのカカオで作る

CUTE!

10種類以上が揃う
オリジナルバナナジュース

映え NO.1

スモア　550円(上)

イセホットチョコレート
690円(下)

チョコレートはすべて70%以上とビター。カカオ本来の味を感じられる

砂糖不使用のバナナジュース。左からベリーベリー、プレーン、伊勢茶味

映え NO.1

7daysBANANA
400円〜

ダンデライオン・チョコレート

サンフランシスコ発祥のチョコレートブランド

こちらもオススメ

カカオの産地や製造方法まで、こだわり抜いたチョコレートを販売。店舗の奥にあるイートインスペースでは、チョコレートを使ったスイーツやホットチョコレートが味わえる。

🏠伊勢市本町20-24　☎0596-63-6631　🕐10:00〜17:00　📅不定休　🚃JR・近鉄伊勢市駅から徒歩5分　🚗Pなし

ずっしり重いチョコレートブラウニー500円。甘さは控えめ

外宮参道 ▶MAP 別P.6B-3

スイーツはほぼすべてテイクアウトOK。ギフト用チョコレートの販売もある

日本では伊勢のほか東京の蔵前に店がある

AMAMILIVING
アマミリビング

駅近のおしゃれカフェ

こちらもオススメ

カウンターと広々としたソファ席があるカフェ＆バー。黒カレーやガパオライスと、地元食材で作るランチ、名物のバナナジュースが人気。夜はカクテルやワインが楽しめる。

🏠伊勢市宮後1-7-37　☎0596-63-9888　🕐11:00〜14:00LO、18:00〜翌0:40LO　📅月曜、第3火曜　🚃JR・近鉄伊勢市駅から徒歩2分　🚗Pなし

フードメニューも豊富。こちらは松阪牛タコス890円

外宮参道 ▶MAP 別P.6B-1

JR伊勢市駅のそばにあり、地元の女性にも人気が高い

かわいらしい壁絵やオブジェがあり、内装も写真映えする

伊勢神宮のキホン②
天照大御神を祀る内宮
あまてらすおおみかみ

天照大御神を御祭神とする日本の神社の中心である皇大神宮（内宮）。五十鈴川の清流と深い森の中に社殿や神事が行われる場所があり、神聖な空気に満たされている。

２０００年の歴史を刻む
「日本人の心のふるさと」

お参りのキホン
伊勢神宮はなんと125社もある
神宮は内宮、外宮の正宮を中心に別宮、摂社など全部で125社の総称

お参りのキホン
まずは感謝を、お願いはそのあとに
まずは神様に日頃の感謝を伝え、お願い事はそのあとにしよう

お参りのキホン
お守りやご朱印は神楽殿にて
ご朱印やお守り、お神札は外宮、内宮ともに神楽殿にて授与している

約8万ある神社の本宗
皇大神宮（内宮）
こうたいじんぐう（ないくう）

皇室の祖神で、太陽の神にもたとえられる高天原を治める神、天照大御神を祀る内宮。正式名は皇大神宮といい、およそ2000年前に鎮座されたと伝わる。内宮内に2つの別宮ほか多数の摂社、末社、所管社がある。

🏠 伊勢市宇治館町1　☎0596-24-1111（神宮司庁）　⏰1～4・9月は5:00～18:00、5～8月は～19:00、10～12月は～17:00　無休　参拝自由　バス停内宮前からすぐ　P414台
`内宮周辺`　▶MAP 別P.5D-3

How to
伊勢神宮参拝のコツ

①外宮と内宮は約4km離れている
外宮から内宮へは、徒歩では遠いのでバスやタクシー利用が一般的。

②静かに参拝するなら早朝に
観光バスなどが到着する前の時間帯、特に早朝は人も少なく静か。

③車利用ならまず駐車場を確保
内宮周辺には駐車場が多いが、近場はすぐ満車に。事前に駐車場の目星を付けてから行こう。

ココは外せない！ 内宮の見どころハイライト 3

1 正宮（しょうぐう）

天照大御神を祀る内宮の中心。中に入ることはできず、御幌（みとばり）の前で参拝する。→P.60

2 宇治橋（うじばし）

五十鈴川に架かる木造の宇治橋は内宮のシンボル。橋を渡ると内宮の神域へ。→P.59

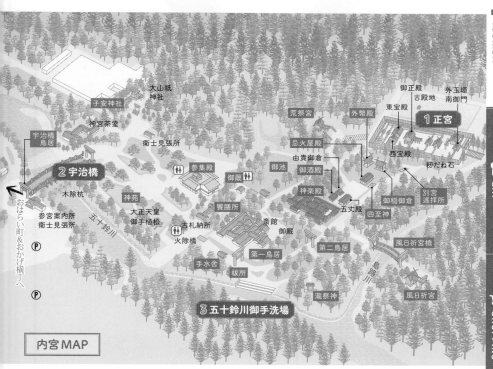

内宮MAP

大山祇神社
子安神社
神宮茶室
衛士見張所
荒祭宮
外幣殿
御正殿 古殿地
外玉垣 南御門
東宝殿
1 正宮
西宝殿
籾だね石
忌火屋殿
由貴御倉
御池
御酒殿
神楽殿
御稲御倉
別宮 遥拝所
五丈殿
四至神
宇治橋鳥居
2 宇治橋
参集殿
御厩
木除杭
神苑
大正天皇御手植松
参宮案内所 衛士見張所
五十鈴川
饗膳所
斎館
古札納所
火除橋
御厩
第一鳥居
第二鳥居
風日祈宮橋
手水舎
祓所
瀧祭神
風日祈宮
おはらい町＆おかげ横丁へ
P
P
3 五十鈴川御手洗場

3 五十鈴川御手洗場（いすずがわみたらし）

五十鈴川の川岸に設けられたお清めの場所で、川と森の美しい風景が広がる。→P.60

What is

神馬奉参（しんめけんざん）

毎月1・11・21日の月3回、神馬が神宮に参拝する。内宮・外宮とも朝8:00頃、神職とともにゆっくりと正宮に向かう。

神馬奉参は少し前に行って待機していると見学できる。正宮前では神馬も一礼する。

57

開 伊勢・二見

TOURISM

EAT

SHOPPING

PLAY

📷 TOURISM

お伊勢参りのクライマックス！
内宮をじっくりお参り90分

所要時間 🕐 約90分

伊勢のシンボルでもある宇治橋を渡って内宮へ。外宮よりも広く見どころが多いので、
時間に余裕をもってゆっくりと参拝するのがおすすめ。

▶ 内宮モデルルート

1 宇治橋鳥居 うじばしとりい
↓
2 宇治橋 うじばし
↓
3 神苑 しんえん
↓
4 手水舎 てみずしゃ
↓
5 第一鳥居 だいいちとりい
↓
6 五十鈴川御手洗場 いすずがわみたらしば
↓
7 瀧祭神 たきまつりのかみ
↓
8 第二鳥居 だいにとりい
↓
9 正宮 しょうぐう
↓
10 別宮遥拝所 べつぐうようはいじょ
↓
11 御稲御倉 みしねのみくら
↓
12 外幣殿 げへいでん
↓
13 荒祭宮 あらまつりのみや
↓
14 御酒殿 みさかどの
↓
15 忌火屋殿 いみびやでん
↓
16 四至神 みやのめぐりのかみ
↓
17 風日祈宮橋 かざひのみのみやばし
↓
18 風日祈宮 かざひのみのみや
↓
19 神楽殿 かぐらでん
↓
20 御厩 みうまや
↓
21 御池 みいけ
↓
22 饗膳所 きょうぜんしょ
↓
23 参集殿 さんしゅうでん
↓
24 子安神社 こやすじんじゃ

宇治橋の両側に立つ存在感のある大鳥居

POINT
右側通行で。11月下旬〜1月下旬の7:30分頃、鳥居の真ん中から太陽が昇る

1 宇治橋鳥居 うじばしとりい

橋の双方にある大鳥居はともに高さ7.44m。内側の鳥居には内宮の旧正殿の棟持柱が、外側の鳥居には外宮のものが使われている。

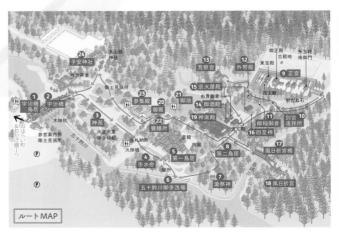

ルートMAP

五十鈴川に架かる美しい弓形の橋

POINT
式年遷宮の4年前に宇治橋も架け替えられるのが恒例になっている

2 宇治橋（うじばし）

長さ約101.8m、幅8.4mの中央が盛り上がった反り橋。檜の板張りで、左右の欄干には全部で16個の擬宝珠が並んでいる。

What is

木除杭（きよけぐい）

五十鈴川が増水した際、流木などから橋を守るためのもの。宇治橋と平行して水に強いケヤキで造られた8本の木除杭が並ぶ。

特別な擬宝珠（ぎぼし）
内宮に向かって左側の、手前2つ目の擬宝珠には宇治橋鎮守のお札が入っている。

3 神苑（しんえん）

手入れされた松の木が美しい神宮の庭園。神楽祭では舞台が設置される。

神苑があるのは内宮のみ

明治24（1891）年に植えられた大正天皇御手植松

4 手水舎（てみずしゃ）

火除橋を渡るとある。ここか、五十鈴川御手洗場でお清めしてからお参りを。

手水でお清め

現在は流水式になっている

鳥居の奥では大祓（おおはらい）などの神事が行われる

5 第一鳥居（だいいちとりい）

※次ページへ

覆いかぶさるような木々の間に立つ立派な鳥居。一の鳥居とも呼ばれる。

神苑には2月中旬〜3月中旬にソメイヨシノが彩りを添える。秋はモミジの紅葉も見られる。

⑥ 五十鈴川御手洗場
（いすずがわみたらし）

五十鈴川沿いのお清めの場所、御手洗場。石畳は元禄5（1692）年、徳川綱吉の母、桂昌院（けいしょういん）が寄進したもの。

川沿いに広がる森の四季折々の風景も美しい

POINT 五十鈴川は神路山を源流とする一級河川で御裳濯川（みもそがわ）の別名も

五十鈴川のほとりの木立の中に鎮座

所管社

⑦ 瀧祭神
（たきまつりのかみ）

祭神 瀧祭大神（たきまつりのおおかみ）

天照大御神の荒御魂を祀る、内宮の所管社のひとつ。神殿はなく、五十鈴川の守り神である。

⑧ 第二鳥居
（だいにとりい）

五十鈴川を背に神宮の森の中へ。第一鳥居と同じ立派な神明造の鳥居。

POINT 垣根に囲まれた正宮の中心に、天照大御神の御神体を祀る御正殿がある

天照大御神を祀る最も神聖な正宮にお参り

⑨ 正宮
（しょうぐう）

30段の階段の上に鎮座するのが内宮の中心である正宮。撮影は階段の下まで。階段の上にある白い御幌の前で参拝をする。

籾だね石（もみいし）
正宮の階段下にある大きな石。五十鈴川の上流から運ばれたという。

10 別宮遥拝所 (べつぐうようはいじょ)

別宮の荒祭宮に行けない場合、ここから遥拝する。

遥拝をすることで参拝したことになる

高床式の造りになっている

御稲御倉と同じく神明造（→P.64）

11 御稲御倉 (みしなのみくら)

神宮神田で収穫された、神様にお供えするお米が納められている。

12 外幣殿 (げへいでん)

式年遷宮の際にお下げした古神宝などが納められている。

13 荒祭宮 (あらまつりのみや) 別宮

祭神 天照大御神荒御魂 (あまてらすおおみかみあらみたま)

長い階段を下り、再び上った先の森の中に立つ、内宮に10ある別宮のうち、第一位の重要で大きな別宮。

小高い場所に立つ特別な神位の別宮

14 御酒殿 (みさかどの)

御酒殿神 (みさかどののかみ) を祀り、由貴大御饌 (ゆきのおおみけ) にお供えする御料酒を納める場所。

15 忌火屋殿 (いみびやでん)

神様のお食事、神饌 (しんせん) を調理する場所。忌火は神聖な火という意味。

16 四至神 (みやのめぐりのかみ)

木の根元に祀られた、内宮の四方を守る神。四至とは四方を意味している。

※次ページへ

毎年12月1日に御酒殿祭が行われる

裏参道から木立の間に一部見ることができる

四至神は外宮にもあるが形が違う

御酒殿ではかつては神様にお供えする神酒を醸造していた。御酒殿祭では全国酒造業の繁栄も祈願される。

島路川の清流に架かる
宇治橋に並ぶ美しい橋

17 風日祈宮橋（かざひのみのみやばし）

神路山と島路山の神宮林を通って流れ出す島路川に架かる橋。川向こうに風日祈宮がある。

POINT
橋は四季折々の美しい風景が眺められるビュースポットとしても知られる

五十鈴川御橋とも呼ばれる

18 風日祈宮（かざひのみのみや）

祭神 級長津彦命（しなつひこのみこと） 級長戸辺命（しなとべのみこと）

別宮

橋を渡った森の中に立つ、雨風を司る2柱の神様を祀る重要な別宮のひとつ。

周辺は紅葉スポットとしても人気がある

お札やお守りの授与もここで

19 神楽殿（かぐらでん）

ご祈祷の御饌（みけ）や御神楽を行う御饌殿と、神楽殿が並んで立つ。ご朱印はここで。

POINT
神馬のいる時間は決まっておらず、見られるチャンスはあまりない

会えたらうれしい
美しい神馬

20 御厩（みうまや）

内宮には2カ所に御厩がある。神馬には「宮中歌会始」に由来した名前が付けられている。

森の奥に横たわる四季の自然を映す池

錦鯉が泳ぐ鳥の声が響く

21 御池 みいけ

豊かな自然に囲まれた池。春は桜の花が彩りを添え、木々の緑が映り込む。

22 饗膳所 きょうぜんしょ

神事のあとに神様と同じ饗膳をいただく特別な場所。前に錦鯉が泳ぐ池がある。

見事な錦鯉！

御厩のすぐそばにあり、饗膳所の隣には警衛部がある

自由に入ることができ、お札やお守りの授与なども

23 参集殿 さんしゅうでん

参拝者用の休憩所。ビデオの上映や記念品などの販売もしている。

所管社

24 子安神社 こやすじんじゃ

祭神 木華開耶姫命 このはなさくやひめのみこと

子授け、安産、子宝の神を祀る内宮の所管社。離れた場所にあり、隣には大山祇神社が立つ。 おおやまつみ

小さな鳥居がたくさん奉納されている子安神社

山の守り神、大山祇神を祀る大山祇神社

社殿の造り

日本でもここにしかない「唯一神明造」
ゆいいつしんめいづくり

　日本の神社建築にはさまざまな様式があるが、伊勢神宮に用いられている神明造は、出雲大社の大社造や住吉大社の住吉造と並び最も古いとされている。なかでも内宮と外宮にある正宮の正殿は、同じ建物を造ることを禁じられているため「唯一神明造」と呼ばれ、ほかとは一線を画す建築様式になっている。

　正宮は正殿を中心に端垣、内玉垣、外玉垣、板垣という四重の垣根が巡らされている。そのため、拝所など外からは中の様子をうかがい知ることはできない。詳細が知りたければ、外宮正殿の原寸大模型が展示されているせんぐう館（→P.46）に行ってみるのがいい。

　切妻、平入、高床式という、日本伝統の建築様式である穀倉を宮殿形式に発展させたのが正殿。それぞれの特徴を学んでみよう。

外宮の正宮。正殿は見えないようになっている

唯一神明造の特徴

1 御用材
社殿はすべて、檜の素木造り。御用材となる檜は、長野県木曽などの神宮備林より伐り出される。

2 支柱について
支柱は丸柱で、地中に穴を掘って立てる堀立式。柱の下に支えるための礎石は使用しない。

3 建造様式
屋根は切妻式で、屋根の斜面方向に出入口のある平入。高床式で、棟木の両側を支える棟持柱がある。

4 屋根の上
萱葺の屋根の上に、鰹木が置かれている。外宮と内宮で鰹木の数は異なる

5 千木について
千木は屋根の搏風が伸びた形状となっている。こちらも内宮と外宮で形が異なる。

せんぐう館にある、外宮正殿の原寸大模型

そのほかの神社建築様式

◇ 大社造 ◇
たいしゃづくり

出雲大社に代表される建築様式。切妻、妻入で、屋根はカーブを描く。

◇ 住吉造 ◇
すみよしづくり

切妻、妻入。屋根は直線で、千木と鰹木がある。代表的なのは住吉大社。

◇ 流造 ◇
ながれづくり

神社で最も多い。平入で、入口のある側の屋根が広く反り返っている。

◇ 春日造 ◇
かすがづくり

代表は春日大社。切妻、平入で、正面にひさしがある。鮮やかな彩色。

唯一神明造の部分解説

神社建築における基本的な部分を簡単に解説。
正殿は直線的で、飾りもほとんどない。

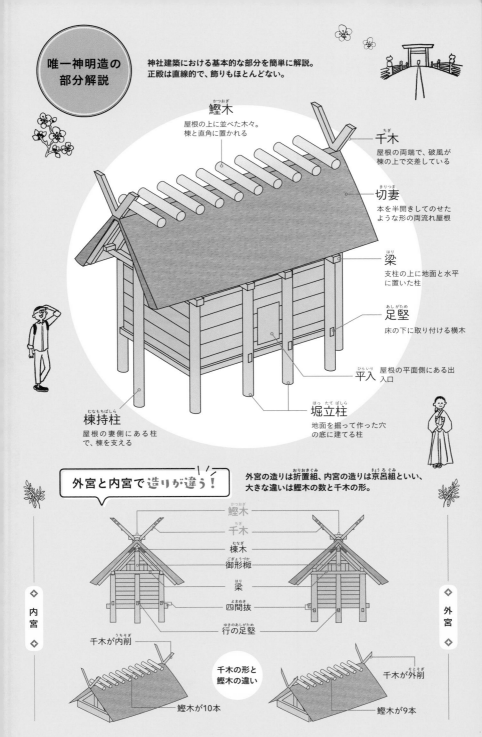

鰹木 （かつおぎ）
屋根の上に並べた木々。
棟と直角に置かれる

千木 （ちぎ）
屋根の両端で、破風が
棟の上で交差している

切妻 （きりづま）
本を半開きしてのせた
ような形の両流れ屋根

梁 （はり）
支柱の上に地面と水平
に置いた柱

足堅 （あしがため）
床の下に取り付ける横木

平入 （ひらいり）
屋根の平面側にある出
入口

棟持柱 （むなもちばしら）
屋根の妻側にある柱
で、棟を支える

堀立柱 （ほったてばしら）
地面を掘って作った穴
の底に建てる柱

外宮と内宮で造りが違う！

外宮の造りは折置組、内宮の造りは京呂組といい、
大きな違いは鰹木の数と千木の形。

鰹木 （かつおぎ）
千木 （ちぎ）
棟木 （むなぎ）
御形椴 （ごぎょうづか）
梁 （はり）
四間抜 （よまぬき）
行の足堅 （ゆきのあしがため）

◇ 内宮 ◇

◇ 外宮 ◇

千木の形と鰹木の違い

千木が内削 （うちぎり）
鰹木が10本

千木が外削 （そとぎり）
鰹木が9本

伊勢神宮では神聖な場所を示す目印として注連縄ではなく榊を使用している。

EAT

飲食店が連なる魅惑のストリート

おはらい町で食べ歩き！

内宮から延びるおはらい町通りには、甘い物からお酒にぴったりのおつまみまで、食の誘惑がいっぱい！好みのメニューをテイクアウトしよう♪

「松阪牛」がきらり☆

松阪牛を手軽に味わう

A 二光堂 寶来亭
にこうどう ほうらいてい

松阪牛が評判の食事処（→P.81）の、店頭にあるテイクアウトの店。飛騨牛 牛串は500円。

🏠 伊勢市宇治今在家町60 ☎0596-22-4175 ⏰11:00〜16:30LO ㊡無休

おはらい町 ▶MAP 別P.7E-3

ジュー

・800円

松阪牛 牛串。脂ののった松阪牛をさっと焼いてタレに絡める

まずは松阪牛、2連発

炙った松阪牛のにぎり

B 伊勢牛若丸
いせうしわかまる

霜降りの松阪牛を使った寿司が自慢。カルビとサーロインの2種類あり、どちらも肉汁あふれて美味。

🏠 伊勢市宇治今在家11 ☎0596-27-6805 ⏰9:00〜17:00 ㊡無休

おはらい町 ▶MAP 別P.7E-3

松阪牛にぎり 上カルビ2貫。脂もしっこくなく上品でぺろりといける

・1200円

えびせんの皿も食べられちゃう

地図内表記

P.89
太閤出世餅
P.88
勢乃國屋
P.81
二光堂 寶来亭 A
P.89
岩戸屋
榊原売店
伊勢布遊舎
真珠庵
だるまや
宮前バス停
内宮前バス停
宮前警察署
宮前警備派出所
赤福内宮前支店 P.83
岩戸屋物産店
B 伊勢牛若丸
ゑびや大食堂 P.79
ゑびや商店
あわび串屋台 P.91
F 奥野家 P.75
伊勢うどん
木下茶園内宮前店 P.10
宇治橋
徒歩約2分

内宮へ

丸ごとアワビを贅沢に

F ゑびや商店 あわび串屋台
えびやしょうてん あわびくしやたい

ゑびや大食堂（→P.79）、ゑびや商店（→P.91）に併設。蒸したアワビは、やわらかくて生ビールにぴったり！

🏠 伊勢市宇治今在家町13 ☎0596-63-5135 ⏰10:00〜17:00 ㊡無休

おはらい町 ▶MAP 別P.7E-3

ビールはあわび串にプラス350円です！

コリッコリで、うんまぁ〜

・1個串850円

あわび串。味付けはバター醤油か焼き塩が選べる

全体MAP

内宮〜おかげ横丁

内宮参りの人々でにぎわうエリア。
飲食店のほか大型のおみやげ店も多い。

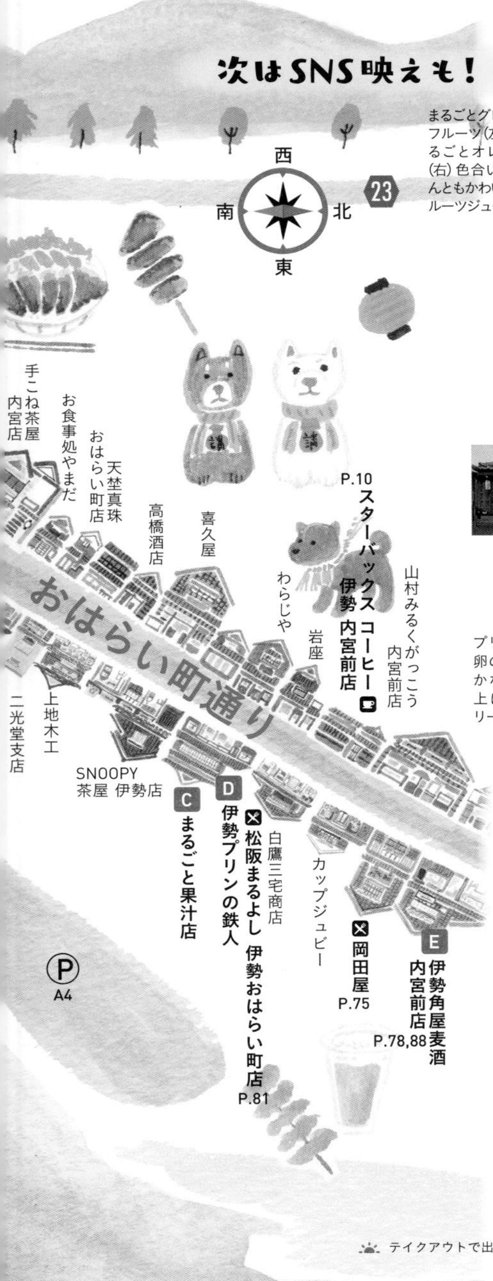

次はSNS映えも!

まるごとグレープフルーツ(左)、まるごとオレンジ(右)色合いがなんともかわいいフルーツジュース

各400円

SNSに即UP☆

丸ごとジュースがSNSでバズり中

C まるごと果汁店
まるごとかじゅうてん

フルーツを丸ごと使ったナチュラルジュースが話題の店。
オレンジとグレープフルーツの2種類がある。

🏠 伊勢市宇治今在家町24 ☎なし 🕘9:30〜17:00
㉂不定休 おはらい町 ▶MAP 別P.7E-3

たっぷりふわふわ〜♪

かわいいキャラが目を引く

D 伊勢プリンの鉄人
いせプリンのてつじん

新鮮な卵やミルクなどこだわり素材を使ったプリン専門店。目の前で焼かれるプリントースト500円もおすすめ。

プリンソフト。卵の風味が豊かなプリンの上にソフトクリームをオン

390円

🏠 伊勢市宇治今在家町24 ☎0596-63-9202 🕘10:00〜17:00
㉂無休 おはらい町 ▶MAP 別P.7E-3

テイクアウトのカキフライ串(4粒)。浦村かきを使ったカキフライが4個も!

600円

食べごたえも◎

伊勢ピルスナーの生ビールが飲めるのは、おはらい町ではここだけ

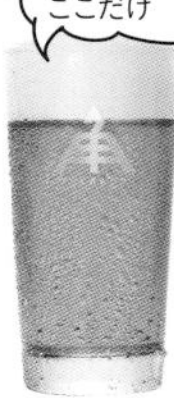

カキフライと地ビールが愛称抜群!

E 伊勢角屋麦酒 内宮前店
いせかどやびーる ないくうまえてん

カキ料理と地ビールが人気の店(→P.78)は、テイクアウトも可能。蒸し・焼き牡蠣もあり、それぞれ3個690円。

🏠 伊勢市宇治今在家町東賀集楽34
☎0596-23-8773 🕘11:00〜16:30LO ㉂無休
おはらい町 ▶MAP 別P.7E-3

西 北 南 東

23

手こね茶屋
内宮店
お食事処やまだ
おはらい町店
天�垤真珠
高橋酒店
喜久屋
わらじや
岩座
山村みるくがっこう
内宮前店
P.10
スターバックスコーヒー
伊勢内宮前店

おはらい町通り

上地木工
二光堂支店
SNOOPY
茶屋 伊勢店
C まるごと果汁店
D 伊勢プリンの鉄人
白鷹三宅商店
松阪まるよし 伊勢おはらい町店 P.81
カップジュビー
岡田屋 P.75
E 伊勢角屋麦酒 内宮前店 P.78,88

P A4

エリア
2

おかげ横丁、赤福本店周辺

おはらい町のメインとなるエリア。
一角に赤福の本店とおかげ横丁がある。

全体MAP

中身も
ぎっしり！

• 450円

牛のマークがかわいい、
ふかしたての福まん

手作り豆腐を使ったスイーツが人気

G 豆腐庵 山中

とうふあん やまなか

五十鈴川の伏流水を使い、国産
大豆や天然にがりにこだわった
豆腐を販売。豆腐50％以上のお
とうふソフト340円もおすすめ。

🏠 伊勢市宇治中之切町95 ☎0596-23-5558 🕙10:00
〜16:00 🗓木曜 おはらい町 ▶MAP 別P.7E-2

しっとり
ふわふわ〜

• 1個120円

うの花どーなつ。豆腐を作る過程で出る
おからを使った優しい味わいのドーナツ

甘いモノならココへ

国産はちみつ専門店

H 松治郎の舗 伊勢おはらい町店

まつじろうのみせ いせおはらいまちてん

大正元年創業の老舗養蜂園の
はちみつ専門店。はちみつタ
レがたっぷりのハニポテは行
列ができるほどの人気。

🏠 伊勢市宇治中之切町7 ☎059
6-27-8328 🕙10:00〜17:00
🗓無休
おはらい町 ▶MAP 別P.7E-2

意外と甘さは
控えめ

• 650円

ハニポテLサイズ。
はちみつタレたっぷり
の人気メニュー

豆腐庵 山中
G

伊勢ひものの塾

山口誓子俳句館

P.80
松阪牛炭火焼肉
伊勢十 ✕

P.89
虎屋ういろ
内宮前店

P.79
浜与本店
内宮前店 ✕

お伊勢屋
本舗

誠実屋

竹や

おはらい町通り

岡七酒店

吾木香

H
松治郎の舗
伊勢おはらい町店

魚春
五十鈴川店

I 伊勢・磯揚げまる天
P.91

中井屋

他抜き
だんらん亭
P.91

五十鈴川カフェ
P.87

L
だんご屋

ボリュームミーな練り物棒

I 伊勢・磯揚げまる天

いせ・いそあげまるてん

練り物を専門に扱う店で、店頭では
人気のたこ棒とチーズ棒380円を
販売。どれも作りたてを味わえる。

🏠 伊勢市宇治中之切町10 ☎059
6-22-9811 🕙8:30〜17:00（季節
により異なる）🗓無休
おはらい町 ▶MAP 別P.7E-2

タコの味も
濃厚〜

たこ棒
たこがギュッと詰まって
おり、食べ応えあり

• 400円

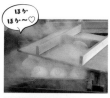

ほか
ほか～♡

松阪牛100%のあつあつ肉まん

J お伊勢屋本舗
おいせやほんぽ

看板メニューの福まんは、A5
ランクの松阪牛のしぐれを使
用。松阪牛コロッケ330円や
松阪牛串880円も!

🏠 伊勢市宇治中之切町94-7
☎0596-22-7193 🕐10:00
～17:00 🈡不定休

おはらい町 ▶MAP 別P.7E-2

小さな造り酒屋の地酒を一杯

K 伊勢萬 内宮前酒造場
いせまん ないくうまえしゅぞうじょう

清酒のほか、リキュールや焼酎
も醸造している造り酒屋。毎月1
日には朝日しぼり(→P.84)を限
定で販売。

🏠 伊勢市宇治中之切町77-2
☎0596-23-8800 🕐9:30～1
7:00(季節により異なる) 🈡無休

おはらい町 ▶MAP 別P.7E-2

吟醸「おかげ
さま」720ml
●2020円

五十鈴川の伏流水で仕込
んだ「おかげさま」の吟醸

お酒の試飲は
0.5合170円～

三重の地酒がいろいろ揃う

MAP（おはらい町）

味匠館
若松屋
太鼓橋

徳力富吉郎
版画館

ふくすけ ✕
P.74,84
おみやげや 🏠
P.93

内宮前酒造場
P.84

伊勢せきや
内宮前店

珈琲浪漫
久兵衛屋

内宮前
酒造場
K

もめんや
藍 P.93

伊勢萬

正面入口

二見入口

P.83
別店舗
赤福本店

✕
すし久
P.76,
84

楓神社

横丁棋院

山中ハート薬局

P.82,88

🏠
赤福本店

新橋

西
北
南
東

驚きの真っ黒だんご

独特な真っ黒だんご

L だんご屋
だんごや

インパクト大の黒いだんごは、
伊勢では昔から食べられている
黒蜜団子。ほかに、みたらし、三
色団子もある。

🏠 伊勢市宇治中之切町12 ☎059
6-23-8732 🕐10:00～16:30LO
(季節により異なる) 🈡無休

おはらい町 ▶MAP 別P.7E-2

黒蜜団子
伊勢名物の新感覚だんご
●130円

甘くて
おいしいよ!

赤福本店のちょうど向かいに、おかげ横丁への入口がある。

全体MAP

エリア3 おかげ横丁〜おかげ参道

おかげ横丁を過ぎると、徐々に店も減ってくる。落ち着いて食事したいならここで。

老舗の伊勢茶スイーツ♡

伊勢茶専門店の抹茶スイーツ

M 伊勢茶 翠
いせちゃ すい

抹茶を贅沢に使った冷たいスイーツが人気。好きなお茶を選べる伊勢茶詰め放題1080円も名物。

🏠 伊勢市宇治中之切町48 ☎0596-26-0022 ⏰10:00〜17:00 🈚無休

おはらい町 ▶MAP 別 P.7E-2

夏にぴったりのひんやりスイーツ

● 550円

抹茶フロート
濃厚なアイス抹茶に抹茶ソフトをトッピング！

混ぜてから飲んでね

● 500円

和らって（ホワイトチョコと抹茶）クラッシュしたわらび餅の入ったドリンク。キャラメルときな粉味もある

和菓子店のどら焼き

N 藤屋窓月堂 おはらい町本店
ふじやそうげつどう おはらいまちほんてん

利休饅頭（→P.89）で有名な和菓子店。店頭では焼きたてのどら焼きやドリンクを販売している。

🏠 伊勢市宇治中之切町46-1 ☎0596-22-2418 ⏰9:00〜17:00 🈚無休

おはらい町 ▶MAP 別 P.7E-2

干支の焼き印もかわいい

● 150円

焼きたてどら焼き
店頭で焼き上げている

週末限定のだし巻きを狙え！

O やきもの泰二郎
やきものたいじろう

陶器の店＆食堂だが、週末限定テイクアウトメニューの味わい深い玉子焼き140円が名物。

🏠 伊勢市宇治浦田1-3-4 ☎080-5123-7263 ⏰10:00〜15:00 🈚不定休

おはらい町 ▶MAP 別 P.7E-1

じんわりうまい！

● 190円

玉子サンド
あっさりとしただしが玉子の味を引き立てている

おかげ横丁もくとん P.89

真珠SAKURA

藤屋窓月堂おはらい町本店 N

五十鈴川郵便局

百五銀行内宮前支店

伊勢茶 翠 M

祭王職舎（旧慶光

おはらい町通り

五十鈴茶屋本店 P.86,93

くつろぎや

覚田真珠

少宮司職舎

神宮道場

名物へんば餅（仮店舗）

西 北 南 東

おにぎり＆伊勢エビで〆

かまど薪焚きご飯のおにぎり
P 野あそび棚
のあそびたな
店内のかまどで炊き上げるご飯のおにぎりを、テイクアウトして五十鈴川堤で食べることができる。

おにぎりは塩、梅、鮭、めはり、しらす青菜、松阪牛焼肉、いくらがあり130円〜

かまど炊きの握りたて！

🏠 伊勢市宇治浦田1-11-5　☎0596-25-2848　🕐11:00〜16:30LO　㊡無休
おはらい町　▶MAP 別P.7F-1

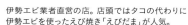

伊勢エビをたっぷりと使ったえびだま。テイクアウトで 600円

エビのだしが効いてます

伊勢エビ専門店の「えび焼き」
Q えび勢
えびせい
伊勢エビ業者直営の店。店頭ではタコの代わりに伊勢エビを使ったえび焼き「えびだま」が人気。

🏠 伊勢市宇治浦田1-8-12　☎0596-20-5550　🕐11:00〜18:00（土・日曜は10:00〜）　㊡不定休
おはらい町　▶MAP 別P.7E-1

～What is～
おはらい町＆おかげ横丁 さんぽのコツ

◆ 駐車場は通りの入口と出口にある
内宮周辺にAとBに分かれた8カ所の駐車場がある。Aの駐車場は内宮の入口に近く、Bの駐車場はおはらい町の北側と、五十鈴川沿いにある。Aの駐車場は常に満車状態。比較的空いていておはらい町に近いB1〜4の駐車場がおすすめ。

◆ 営業時間に注意！
おはらい町、おかげ横丁ともに、お店の営業はだいたい10:00〜16:00。早い時間や遅い時間の参拝後には、ほとんどの店が閉まっているので気をつけて。なお、赤福本店（→P.82）は伊勢神宮の参拝時間と同じ早朝5:00から営業している。

◆ 手荷物は預けて手ぶらで散策を
内宮の入口、宇治橋手前の参宮案内所にコインロッカーがある。利用できるのは参拝時間内のみ。おかげ横丁の「おみやげや」（→P.93）内にもコインロッカーがある。内宮前バス停切符売り場の売店では、荷物を1個100円で預かってもらえる。

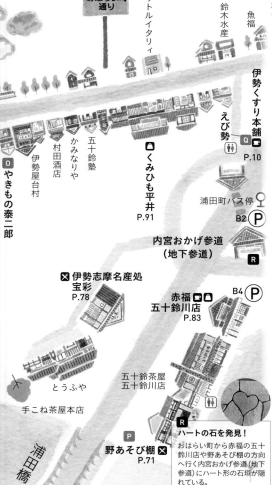

おはらい町通り

リトルイタリィ

鈴木水産

魚福

伊勢くすり本舗

村田酒店
伊勢屋台村
五十鈴塾
かみなりや
くみひも平井　P.91
えび勢　P.10
O やきもの泰二郎

浦田町バス停　B2 P
内宮おかげ参道（地下参道）

❌ 伊勢志摩名産処 宝彩　P.78
赤福 五十鈴川店　P.83　B4 P

とうふや
五十鈴茶屋 五十鈴川店
手こね茶屋本店

R ハートの石を発見！
おはらい町から赤福の五十鈴川店や野あそび棚の方向へ行く内宮おかげ参道（地下参道）にハート形の石垣が隠れている。

P ❌ 野あそび棚　P.71

浦田橋

藤屋窓月堂そばの五十鈴川郵便局では、三重のご当地フォルムカードなどが購入できる。

EAT

地元のおいしいものが勢揃い♪
おかげ横丁のテイクアウト

まだまだ続きます！おはらい町の一角にあるおかげ横丁には、地元愛あふれる
ユニークなメニューがズラリ。座れる場所もあり便利。

伊勢ならではのクレープを
A 伊勢クレープ
いせクレープ

和と洋が
ミックス！

おかげ横丁の端。チョコバナ
ナなどの定番から伊勢抹茶や
真珠塩キャラメルなどご当地
まである。

🏠 伊勢市宇治中之切町82 ☎
0596-22-9012 🕐11:30～
17:00（日により異なる）
㊡無休
おかげ横丁 ▶MAP 別P.7E-2 ●650円

伊勢抹茶
伊勢抹茶入りの皮にあんこ
やクリームをトッピング

コロッケ120円
も人気ですよ

精肉店ならではのおいしさ
B 豚捨
ぶたすて

肉汁
たっぷり～

明治42（1909）年創業の老舗。豚
飼いの捨吉という人が始めたこと
から、いつの間にか「豚捨」が屋号
に。牛丼など店内メニューも豊富。

🏠 伊勢市宇治中之切町52 ☎059
6-23-8803 🕐9:30～17:00（飲食
は11:00～16:30LO。季節により異
なる）㊡無休
おかげ横丁 ▶MAP 別P.7E-2 ●200円

ミンチカツ
サクサク衣にしっか
りとした味わいの挽肉
がぎっしり

自家製の豆腐田楽が人気
C いすゞ田楽
いすゞでんがく

炭火で焼き
上げます

店頭に大きく出た"田楽"の看板
が目印。自家製の豆腐を使った
田楽は、胡桃、木の芽、柚子、い
すゞの4種類。

🏠 伊勢市宇治中之切町52 ☎059
6-23-8835 🕐9:30～16:30（季
節により異なる）㊡無休
おかげ横丁 ▶MAP 別P.7E-2 ●550円

4つ揃うと、カラフル
でかわいい！

田楽（4種盛り）
おかげ横丁のと
うふやさんの豆
腐を使用。香ば
しくて絶品！

まるで、伊勢グルメの テーマパーク！

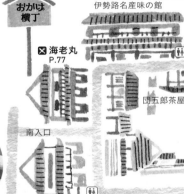

伊勢路栽苑

伊勢路名産味の館

おかげ
横丁

❌海老丸
P.77

はいか

団五郎茶屋

南入口

銭屋

B
豚捨

山口誓子俳句館

徳力富吉郎
版画館

ふくすけ❌
P.74,84
おみやげや🏠
P.93

名店頭のほか、
通りにも座って
食べられるスペース
があります

P.80
松阪牛炭火焼肉
伊勢十❌

G

もめんや藍

内宮前
酒造場
伊勢萬
P.84

H

P.79
内宮前
店❌
浜与
本店

伊勢
せきや
内宮前
店

伊勢
内宮前
店

珈琲
浪漫
久晩酌
兵衛

この先が
おかげ横丁です。
ニャー

これより
おかげ横丁

H

こし餡と、上にかかった青のりが合う

・1個80円

伊勢の素朴なおやつ

D 横丁焼の店

よこちょうやきのみせ

三重県産の小麦を使った生地の中にこし餡がたっぷり入った「横丁ばんじゅう」が人気。ソフトクリームもある。

「横丁ばんじゅう」はこし餡のほか季節限定で抹茶あん 90円も

🏠 伊勢市宇治中之切町 52　☎0596-23-8855　🕘9：30～16：30LO（季節により異なる）　㉁無休

`おかげ横丁` ▶MAP 別 P.7E-2

醤油を使った逸品が揃う

E 伊勢醤油本舗

いせしょうゆほんぽ

三重県産の丸大豆と小麦で仕込んだ伊勢醤油や、香ばしい伊勢焼きうどん（→P.75）が人気の店。

🏠 伊勢市宇治中之切町 52　☎0120-093-716　🕘9：30～17：00（季節により異なる）　㉁無休

`おかげ横丁` ▶MAP 別 P.7E-2

醤油の甘みとコクがたまらず

・320円

伊勢醤油ソフトクリーム
伊勢醤油入りのオリジナルソフト。色は白い

自慢の豚肉料理がずらり！

F おかげ横丁 もくとん

おかげよこちょうもくとん

伊賀の里モクモク手づくりファームのとんかつ専門店。かつドッグをはじめさまざまなテイクアウトメニューがある。

🏠 伊勢市宇治中之切町 47　☎0596-24-0910　🕘11：00～16：30LO（季節により異なる）　㉁無休

`おかげ横丁`
▶MAP 別 P.7E-2

ぐるぐるウィンナー　長～いソーセージを、ぐるぐる巻きにして串刺しに ・550円

ずっしり重いよ

何匹の猫を見つけられるかニャ？

伊勢クレープ A の店

灯りの店

西入口

神宮会館

神宮会館前バス停

浪曲茶屋

つぼや

季節屋台

孫の屋三太 吉兆招福亭

志州ひらき屋

おかげ座 神話の館

伊勢宮忠

神路屋 P.91

横丁いかだ荘

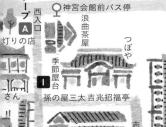

D 横丁焼の店

味匠館

若松屋

いすゞ田楽

C

伊勢醤油本舗 P.75 E

おかげ横丁 もくとん F

真珠SAKURA

P.89 おはらい町本店

P.83 赤福本店舗

魚春本店

藤屋窓月堂 おはらい町本店

百五銀行内宮前支店（工事中）

伊勢茶翠

正面入口

P.93 入口

おはらい町通り

少宮司職舎

覚田真珠

くつろぎや

EAT

伊勢のご当地グルメ No.1 はこれ！

名店の伊勢うどんを食べ比べ

昔から伊勢参り客の腹を満たしてきた伊勢うどん。おはらい町＆おかげ横丁を代表する
名店3店で食べ比べ！変わり種のうどんも併せてチェック。

もちもち感が段違い！
こだわり手打ちうどん

麺

やわらか度
★ ★ ☆

三重県産の小麦を使用
した極太麺は喉越しが
よく、素朴な味わい

What is

伊勢うどん

江戸時代に広まったとさ
れる伊勢うどん。コシが命
のうどんとはまったく異な
り、やわらかい極太麺が特
徴だ。たまり醤油を使った
タレを絡めて食べるのも
伊勢うどんならでは。

麺自体の
おいしさを
感じてください

タレ

こってり度
★ ☆ ☆

カツオや昆布ベースの
自家製ダレが麺によく
絡み後味までまろやか

+卵で
+110円
マイルドに！

おかげ横丁にある伊勢うどん屋

ふくすけ

手打ち自家製麺の伊勢うどんが自慢
の店。濃い褐色のたまり醤油ベース
の、だしの効いたタレを麺と絡めて食
べよう。自家製麺は午前中で完売す
ることもあるのでお早めに。

手打ち伊勢うどん
730円（数量限定）

🏠 伊勢市宇治中之切町52 ☎
0596-23-8807 🕙 10:00 ～ 16:
30LO（季節により異なる） 🈺
無休 🚌 バス停神宮会館前か
ら徒歩3分 🅿 Pなし
おかげ横丁 ▶ MAP 別 P.7E-2

卵入りだと、よりまろやかな味に。ア
ツアツのうちにかき混ぜて食べよう

白い麺と黒いタレの
コントラストが美しい！

週末は開店前から行列覚悟

岡田屋
おかだや

おはらい町通りある存在感を放つうどん専門店。高知県産のカツオ節や煮干しにブレンド醤油を合わせて仕込む自家製ダレは、甘さ控えめで濃厚なだしの風味が特徴。

🏠 伊勢市宇治今在家町31 ☎0596-22-4554 ⏰10:30～17:00 ㊡木曜（祝日の場合は前日休）、月1回水曜不定休 ㊡バス停内宮前から徒歩3分 ㊡Pなし

おはらい町 ▶MAP 別 P.7E-3

麺
やわらか度
★ ☆ ☆

弾力のある太麺。とろりとした漆黒のタレに絡めていただこう

伊勢うどん
600円

極太麺は茹でるのに1時間以上かかります

WOW!

名物伊勢うどん
550円

麺
やわらか度 ★ ★ ★

やわらかく茹で上げ、ほのかな小麦の香りとしっかりとした弾力が特徴

タレ
こってり度 ★ ★ ★

かたくり粉によるほんのりとしたとろみ、甘みとたまり醤油のバランスが絶妙

タレ ｜ こってり度 ★ ☆ ☆

濃厚ながら上品な甘さとまろやかさで仕上げ、ファンの心をつかむ

カツオベースのあっさりダレと
つるつる麺がベストマッチ☆

和風の落ち着いた店内

明治から続く老舗店

伊勢うどん奥野家
いせうどんおくのや

創業から100年以上にわたり変わらぬ味を紡ぐ。名物伊勢うどんは伊勢醤油を使用した、カツオ節や昆布から丁寧にとっただし香る秘伝のタレが決め手。とろろや天ぷらのせも人気。

🏠 伊勢市宇治今在家町18 ☎0596-22-2589 ⏰11:00～16:00（繁忙期延長あり）㊡水曜 ㊡バス停内宮前から徒歩2分 ㊡Pなし

おはらい町 ▶MAP 別 P.7E-3

変わりダネ
伊勢うどんに
チャレンジ！

進化する伊勢うどんはまさに"十麺十色"。変幻自在の旨さを味わって。

醤油が焼けるいいにおい♡

だし巻き玉子
天ぷら伊勢うどん

地元の養鶏所の新鮮な卵を贅沢に使用しただし巻きを、サクッとした天ぷらに仕上げて伊勢うどんにトッピング。うどんとだし巻き天ぷらの相性は抜群！

980円

🍴ここで食べられる！
伊勢うどん奥野家 →上記

伊勢焼きうどん

三重県産の丸大豆と小麦で仕込んだ伊勢醤油を使用。芳しい醤油がもちもち食感の太麺によく絡み、見た目と香りで食欲をそそられる。

450円

🍴ここで食べられる！
伊勢醤油本舗 →P.73

志摩うどん

たっぷりのあおさ＆とろろ昆布、カツオ節に加え磯辺揚げまでのせた豪華版。伊勢志摩スカイラインの山頂で食せば旨さもひとしお。

680円

🍴ここで食べられる！
朝熊山頂展望台 →P.25

カツオを使った名物料理
伝統の手こね寿司を堪能

伊勢うどんと並ぶ二大ご当地グルメが手こね寿司。タレに漬けたカツオは
意外なほどあっさりしていて、いくらでも食べられそう。

手桶
直径21cmの寿司桶で
供され食べごたえ◎

漬けカツオ
肉厚で光沢のあるカ
ツオがシャリを覆う

酢飯
地元ブランドの御絲
産コシヒカリを使用

桶に入った正統派！
これぞ、ザ・手こね寿司

┤ What is ├
手こね寿司

漁師料理だった手こね寿司は、
とれたカツオを船上でさばき、
醤油に漬けてご飯にのせて食
べたのが始まりとされる。当
時は手でこねながら食べたこ
とからこの名になった。

伊勢 志摩の田舎料理ならココ

すし久
すしきゅう

とろろ汁やうなぎのひつまぶしなどが評判。
なかでも醤油ダレに漬けた肉厚なカツオと自
家製寿司酢のシャリが口福感を運ぶ、てこね
寿しは人気の一品。

🏠 伊勢市宇治中之切町 20 　☎ 0596-27-0229
🕐 11:00～16:30LO（季節により異なる）　㊡
無休　🚌 バス停神宮会館前から徒歩4分　🚗
Pなし

おはらい町　▶ MAP 別 P.7E-2

注文を受けてか
ら切り分けたカ
ツオを漬ける

てこね寿し（梅）

1380円

新鮮なカツオを独自
のタレで漬けること
で旨みがアップ

宇治橋の古材を一部使用し旅籠の風
情を残した店内

手こね寿司＆伊勢うどんの二枚看板

手こね茶屋 おはらい町中央店
てこねちゃや おはらいまちちゅうおうてん

酢飯の下にもカツオの漬けを忍ばせた二層式の手こね寿司が名物。ひと口頬張れば、まろやかなタレとシソのハーモニーが広がる。伊勢うどん付きの名物合わせ1580円も人気。

🏠 伊勢市宇治中之切町93 ☎0596-65-7020
🕐 10:30～17:30（土・日曜・祝日は10:00～）
🈺無休 🚏バス停神宮会館前から徒歩3分 🚗Pなし
おはらい町 ▶MAP 別P.7E-2

大アサリとサザエ焼貝1300円（貝は季節により変更あり）

シソの風味が生きたさわやかダレが人気です

+1品！

ご飯の中からもカツオがざっくざく！

てこねずし定食
1890円
茶碗蒸し、ひじきの煮付け、焼貝、お吸い物などのセット

秘伝の醤油ダレで旨さ倍増！

マグロの手こね寿司と変わりダネも！

本日のてこね寿し
1750円
伊勢 志摩でとれた新鮮な季節の魚を使っている

見つけたら迷わず注文！

まぐろのてこね寿し
1600円
酢飯にシソ、ゴマや海苔の風味もいい。赤だし、漬け物付き

てこね寿しのほか、本日の海鮮丼2300円もおすすめ

店内に生け簀があり、その日のおすすめは黒板をチェック

漁師料理の人気店

海老丸
えびまる

海鮮丼や漁師汁など豪快な漁師料理がずらり。一番人気のまぐろのてこね寿しは、醤油ダレに漬けたマグロと薬味が香る酢飯の黄金比が旨さの秘密。黒板メニューもチェックして。

🏠 伊勢市宇治中之切町52 ☎0596-23-8805 🕐10:30～16:00LO（季節により異なる） 🈺無休 🚏バス停神宮会館前から徒歩3分 🚗Pなし
おかげ横丁 ▶MAP 別P.7E-2

人気の手こね茶屋は、浦田橋のたもとに本店もある（MAP P.7F-1）。そちらのほうが空いていることが多い。

おはらい町＆
おかげ横丁

EAT

豪華な食材からチョイス
5つの魚介でまんぷく！

プリッとろっクリーミー♪
満腹必至の食べ比べ御膳

地ビール×漁村かきの相乗効果
伊勢角屋麦酒 内宮前店
いせかどやびーる ないくうまえてん

夏は岩ガキ、冬場は鳥羽・浦村産のカキを
中心に、山海の幸を多彩なアレンジで提供。
自社醸造の神都麦酒や日替わりの伊勢地ビ
ールのほか、清酒や焼酎とも相性抜群。

🏠伊勢市宇治今在家町東賀集楽34 ☎0596-
23-8773 ⏰11:00～16:30LO ㉡無休 ⊗
バス停神宮会館前から徒歩5分 🅿Pなし
`おはらい町` ▶MAP 別P.7E-3

ビールは全部
で6種類！

五十鈴川を眺めながら
食事できる

> select
> **01**
> ～
> カキ

地場産の大粒カキフライは揚
げたてをガブリ。土手鍋は味
噌を崩しながら味を調え、具
材に絡めていただこう。

土手鍋定食（松）2090円。焼
きガキ2個、カキフライ2個、
しぐれ煮、うどんなどがセット
で、メインは自家製豆味噌を
使ったカキの土手鍋

> select
> **02**
> ～
> うなぎ

古くからお伊勢参りの客人を
もてなしてきたうなぎ。関西
風と関東風のいいとこどりが
伊勢のうなぎの特徴。

希少な一色産うなぎを
秘伝ダレで味付け

創業約40年の老舗店
伊勢志摩名産処 宝彩
いせしまめいさんどころ ほうさい

カキとエビ、地元ブランドの一色産
うなぎが店の三大名物。先代の技と
思いが詰まった自家製ダレで焼き上
げるうなぎは、弾力感と濃厚な甘み
が自慢。並と上の2種から選べる。

🏠伊勢市宇治浦田1-4-3 ☎0596-
25-5991 ⏰10:00～16:00LO ㉡
水曜 ⊗バス停神宮会館前から徒歩
5分 🅿Pなし
`おはらい町` ▶MAP 別P.7F-1

炭火でじっくり
焼き上げます

NICE

うなぎ定食（上）3950
円。ふわふわ食感の
うなぎが一尾。ご飯
にもタレがたっぷり
かかっている

広々して落ち着いた
店内

伊勢 志摩に来たら、新鮮な魚介は外せない！ 参拝客をもてなした伝統の味から
地元のブランド魚介まで、海の幸を味わい尽くそう！

旬の地魚に高級食材 とれたてが大集合！

select 03 〜 地魚

三重県でとれる魚介は200種以上。その日あがった魚介から一番おいしいものを厳選し豪快にトッピング。

モダンな店内で三重の食材を

ゑびや大食堂
えびやだいしょくどう

伊勢マダイや松阪牛のローストビーフ、天然活アワビなど、使用する食材の9割が三重県産。地物が織りなす郷土の味が揃う。松阪牛鍋丼1958円も人気。

🏠伊勢市宇治今在家町13 ☎0596-24-3494 🕚11:00〜15:30LO Ⓗ無休 🚌バス停内宮前から徒歩2分 🚗Pなし

おはらい町 ▶MAP 別P.7E-3

特製地魚のてこねずし定食3058円、伊勢湾の旬の魚介が美しく盛られた丼。特製のタレをかけて食べよう

select 04 〜 伊勢エビ

濃縮された旨みと独特の弾力感を味わうなら、やっぱりお造り一択。料理長自ら腕を振るい、盛り付けも艶やか。

三重県産の伊勢海老のお造り（時価）。定食や伊勢うどん付きにもできる

注文はテーブルのタブレットでOK

どんぶりを覆い尽くす 答志島産の生シラス！

select 05 〜 シラス

伊勢湾の入口にあり、シラス漁が盛んな答志島からとれたてを直送。シラス本来のねっとりと濃厚な甘みが絶品。

シラス料理専門店の実力

浜与本店 内宮前店
はまよほんてん ないくうまえてん

"伊勢湾の豊富な海の幸をお届け"をモットーに、カキやシラス丼といったご当地名物を揃える。ショップを併設し、ギフト向けの黒ちりめんやカキ佃煮、醤油にだしなどの調味料も多数。

🏠伊勢市宇治中之切町92-9 ☎0596-26-0003 🕙10:00〜17:00 Ⓗ無休 🚌バス停神宮会館前から徒歩4分 🚗Pなし

おはらい町 ▶MAP 別P.7E-2

生しらす丼1100円。生のシラスがたっぷりのった丼。醤油、ポン酢、酢みそをお好みでかけて

+1品！
店内で煮込む甘辛のカキ佃煮がのったかき茶漬け825円

🦐 伊勢志摩名産処 宝彩には、うなぎの半身を使ったうなぎ定食（並）もある。2950円。

79

おはらい町＆
おかげ横丁

EAT

ブランド肉をいろいろな味で

松阪牛に食らいつく

霜降りでやわらか、旨みが特徴の松阪牛は、和牛界のトップランナー。三重を代表する
ブランド食材を、焼き肉、牛鍋、ステーキと、好きな調理法で思う存分味わおう！

松阪牛 × 焼き肉

名門朝日屋から仕入れる
最高級松阪牛100％！

焼きすぎず、ミディアム
レアで食べよう！

幻の松阪牛焼肉御膳
3500円

希少部位である松阪
牛の前ヒレとネックロ
ースに、イチボ、霜降
り牛タンがセットにな
ったお得なセット

無煙ロースターなので、服ににおいも付かない

松阪牛焼き肉の専門店

松阪牛炭火焼肉
伊勢十

まつさかぎゅうすみびやきにく
いせじゅう

津市にある名門精肉店・朝
日屋から質のいい肉を仕入
れており、希少な部位も味
わえる。県外にほとんど出
回らないという松阪牛ホル
モン1080円〜、厚切カイノ
ミ2200円もおすすめ。

🏠 伊勢市宇治中之切町92-9
2F ☎ 0596-63-6690 🕐
11:00〜16:00LO 休火・水
曜 🚌バス停神宮会館前か
ら徒歩3分 🅿Pなし

おはらい町 ▶MAP 別 P.7E-2

サラダやライス、
味噌汁付き。自
家製のタレもお
いしい！

⌐ **What is** ¬

松阪牛

松阪や伊勢などの松阪
牛生産区域で肥育され
る黒毛和種の雌牛。日
本で最も有名なブラン
ド牛肉で、美しいサシ
が特徴。なお、読み方
は「まつざか」ではなく
「まつさか」。

建物の2階に店がある

松阪牛 × 牛鍋

自社牧場の松阪牛を
アツアツの牛鍋で

**松阪牛牛鍋御膳
（切り落とし）
2200円**

松阪牛の切り落とし部分約
50gが味わえる牛鍋。卵、
サラダ、小鉢などが付く

肉屋が営む松阪牛の専門店

松阪まるよし 伊勢おはらい町店

まつさかまるよし いせおはらいまちてん

自社牧場の松阪牛を扱う、精肉店経
営のレストラン。看板メニューの松
阪牛牛鍋御膳は肉の部位と量により
2200円〜、4種類。松阪牛の旨みと
甘めのだしが相まってご飯がすすむ。

ジューシーな肉と濃厚
なデミグラスソースの
松阪牛ハンバーグ丼

•1700円

ゆったりとした店内。
近くに内宮前店もある

🏠 伊勢市宇治今在家町26 ☎0596-72-8929 🕐10:30〜16:00
㉔無休 🚌バス停内宮前から徒歩3分 🚗Pなし
おはらい町 ▶MAP 別 P.7E-3

松阪牛 × ステーキ丼

香りと肉汁が
たまらない極上丼

醤油ベースの
特製ダレが
ポイント♪

**ステーキ牛丼 単品
（松阪牛丼特上）
3670円**

肉汁たっぷりの松阪牛のス
テーキ90g。赤だし、香物付き

ステーキ牛丼の大本命

二光堂 寶来亭

にこうどう ほうらいてい

国産牛、黒毛和牛、そして松阪牛の3種から選
べるステーキ牛丼が店の顔。ふっくらとしたご
飯と頬張れば、ほろりととろける肉と上質な脂
の甘みが一層際立つ。定食もオススメ。

🏠 伊勢市宇治今在家町60 ☎0596-22-4175
🕐11:00〜16:30LO ㉔無休 🚌バス停内宮
前から徒歩2分 🚗Pなし
おはらい町 ▶MAP 別 P.7E-3

座敷席でくつろげる

EAT

つくりたての赤福餅を食べて、買って

赤福を極める。

赤福餅は江戸時代から続く伊勢を代表する手みやげ。おはらい町にある本店を含む、内宮と外宮の周辺5つの店舗を回って、赤福でできることをコンプリート！

創業300年以上！
伊勢の手みやげの代表

伊勢といえば赤福。ここが本店

赤福本店
あかふくほんてん

おはらい町の中ほどに店を構える、赤福の本店。赤福餅を購入できるほか、店舗奥にイートインスペースもある。五十鈴川沿いの縁側に腰掛けながら、作りたて赤福餅がいただける。

⌂伊勢市宇治中之切町26 ☎0596-22-7000(総合案内) ⏰5:00〜17:00(繁忙期時間変更あり) ⊗無休 ✕バス停神宮会館前から徒歩3分 Ｐなし

おはらい町 ▶MAP 別 P.7E-2

本店は、明治10(1877)年に建て替えられた。金の看板はその10年後に創業180周年を記念して掲げられた

History of Akafuku

創業は宝永4(1707)年。かつては黒砂糖味の餡だったが、明治44(1911)年に明治天皇皇后の参宮の際に白砂糖を使った餡の赤福餅を献上。同じものを「ほまれの赤福」と名付けて販売したのが、今の赤福餅の始まり。

極める01

作りたての赤福餅をイートイン！

本店では"餅入れさん"と呼ばれる職人による赤福餅作りの実演が見られる。各店舗で赤福餅のイートイン(お召し上がり)ができるが、"餅入れさん"による実演は本店のみ。

ここで
食べられる 本店 本店別店舗 内宮前支店
五十鈴川店 外宮前店

赤福盆は250円(2個入り、番茶付き)。番茶は、三重県産の伊勢茶を使用

赤福餅の作り方

❶ 餅を丸める
餅を丸める人と餡をのせる人の分業で赤福餅ができていく

❷ 餡をのせる
餡を指先でとって餅の上にのせて、左手に持った盆に盛る

❸ 餡を成形する
餡を指で川の流れのように成形する。熟練がなせるワザ

❹ 完成！
美しい赤福餅が完成。本店ではこのつくりたてを味わえる

‹ Where is ›

本店の周辺店舗

内宮、外宮周辺にある店舗は、本店のほか4店舗。

本店別店舗（季節営業）	**内宮前支店**	**五十鈴川店**	**外宮前店**
⌂伊勢市宇治中之切町26 ☎9:00〜17:00（繁忙期時間変更あり）㉡期間中無休 ▶MAP 別P.7E-2	⌂伊勢市宇治今在家町7 ☎9:00〜17:00（繁忙期時間変更あり）㉡無休 ▶MAP 別P.7E-3	⌂伊勢市宇治浦田1-11-5 ☎9:00〜17:00（喫茶は平日10:00〜）㉡無休 ▶MAP 別P.7F-1	⌂伊勢市本町14-1 ☎9:00〜17:00（繁忙期時間変更あり）㉡無休 ▶MAP 別P.6A-2

極める**02**

季節限定の
冷・温菓子を食べる

赤福餅以外にも季節限定商品を提供している。夏は抹茶味のかき氷・赤福氷で、冬はぜんざい。どちらも本店では提供しておらず、目の前の本店別店舗となるので注意。

ここで食べられる！

本店	✕
本店別店舗	◯
内宮前支店	◯
五十鈴川店	◯
外宮前店	◯

氷の中に餡と餅が！

5〜9月頃

赤福氷 600円

赤福の夏の風物詩。特製抹茶蜜をかけたかき氷。昭和36（1961）年に二見浦の海水浴客のために出されたのがルーツ。

五十鈴川店と外宮前店では、季節限定で冷やしぜんざいも登場！

11〜4月頃

赤福ぜんざい 600円

丁寧に炊き上げた大納言小豆を入れた温かいぜんざい。注文を受けてから焼く餅が2切れ入っている。口直しの塩ふき昆布付き。

極める**03** **毎月1日限定！**
朔日餅を購入する →P.85

毎月1日に神宮を参拝することを朔日参りという。本店では朔日参り限定のお餅「朔日餅」を販売している。1月を除く前日から整理券（時間指定券）が配布される。

ここで買える！

本店	◯
本店別店舗	✕
内宮前支店	✕
五十鈴川店	✕
外宮前店	✕

臨時駐車場から本店方面行き無料シャトルバスもあり！

朔日の赤福本店は、早朝からにぎやか

赤太郎グッズをGet！

• 2000円

赤太郎ぬいぐるみ

• 300円

赤太郎ふせん

• 各300円

赤太郎メモ帳

• 500円

赤福折箱 根付

東海、近畿地方で放映されていた赤福のテレビCMに登場するキャラクター、赤太郎の公式グッズ。右の一部店舗で購入できる。

※取り扱い商品は店舗により異なる

購入できる店舗

- 内宮前支店
- 五十鈴川店
- 外宮前店
- 二見支店
- 伊勢市駅売店
- 宇治山田駅売店

🌱 赤福の由来は、「赤心慶福」の2文字をとったもので、赤ん坊のような素直な心で人様の幸せを喜ぶ、という意味。

月に一度のお楽しみ
朔日参り
ついたち

**ひと月無事に過ごせた感謝をし、
新しい月の無事を祈る**

　日本では明治5（1872）年まで太陰暦が用いられており、新月から満月、また新月になるサイクルをひと月としていた。新月のことを朔ということから、月の始まる1日が朔日と呼ばれるようになった。朔日参りは月の始まりに感謝を込めてお参りする風習で、神宮では今も受け継がれている。当日早朝、神宮には夜明け前から参拝者が集まり、ひと月無事に過ごせた感謝を伝え、新しい月の無事を祈る。

　おはらい町やおかげ横丁では、朔日参りの参拝者のために特別メニューの提供や朝市を開催するなどしている。赤福本店の朔日餅は、今ではすっかり朔日参りの名物だ。

　内宮と外宮で行われる神馬牽参（→P.57）は、毎月1、11、21日の朝8:00頃に行われるので、朔日参りと併せて見学するのもおすすめ。

朔日参りの楽しみ1

朔日限定メニュー

おはらい町やおかげ横丁には、早朝から営業して朔日参りの参拝者に限定メニューを出す店も多い。

◇　**朔日粥**　◇

お粥・雑炊を出す店は3軒。干物や小鉢が付いているので大満足。夏のアナゴや秋のしめじといった風に、具材にも季節のものが入ってお得感あり。

🍴 **ここで食べられる！**
すし久 →P.76

◇　**朔日うどん**　◇

伊勢うどんを提供するふくすけは、朔日参りの日には早朝5:00から営業を開始している。毎月の旬ネタの具材が入るうどんは1杯400円。

🍴 **ここで食べられる！**
ふくすけ →P.74

◇　**朔日しぼり**　◇

毎月朔日に搾るお酒のこと。酒は内宮前酒造場オリジナルの「おかげさま」720ml 2020円。月ごとに違ったデザインのラベルで登場する。

🛒 **ここで買える！**
伊勢萬 内宮前酒造場 →P.69

朔日参りの楽しみ2

朔日朝市

おかげ横丁の朔日朝市は、1月を除く毎月1日の早朝5時から開催。横丁内に野菜やフルーツ、花などの屋台が並ぶ。開催は8時頃まで。

夜明け前からにぎわうおかげ横丁

おかげ横丁内に屋台が立つ

朝日参りの楽しみ3

赤福本店の朔日餅

赤福本店（→P.83）では元日を除く毎月1日に朔日餅を販売。
包装紙の伊勢千代紙の絵柄にも季節感がある。

2月

◆ **立春大吉餅** ◆

白はつぶ餡に黒豆、黄はこし
餡に大豆。2種類の豆大福。

3月

◆ **よもぎ餅** ◆

魔除け草とも呼ばれる、ヨモ
ギを使った香りのいい餅菓子。

4月

◆ **さくら餅** ◆

桜色のもち米でこし餡を包み、
桜の葉で巻いた定番。

5月

◆ **かしわ餅** ◆

端午の節句といえばこれ。柏
の葉で包んだこし餡入りの餅。

6月

◆ **麦手餅** ◆

もち麦粉入りの餅の中に黒糖
味の餡。麦粉をまぶして。

7月

◆ **竹流し** ◆

赤福の餡で作る水ようかんを
青竹に流し入れたもの。涼しげ。

8月

◆ **八朔粟餅** ◆

八朔（旧暦八月朔日）は、粟で
作るあわ餅に黒糖味の餡。

9月

◆ **萩の餅** ◆

もち米を、ほんのり塩味を効
かせたつぶ餡で包んだおはぎ。

10月

◆ **栗 餅** ◆

栗餡をもち米でくるんだ、風
味豊かな秋の味わい。

11月

◆ **ゑびす餅** ◆

ゑびす講の月は、黒糖と柚子
風味の開運餅。さわやかな味。

12月

◆ **雪 餅** ◆

もろこし粉入りの餅生地でこ
し餡を包む。もち粉で雪化粧。

朔日餅の購入方法

赤福の朔日餅を購入するには、おはら
い町の赤福本店で前日17:00以降に
配布される整理券（時間指定券）が必
要。受け取った整理券に記載の時間
に本店に行くと購入できる。開店は早
朝4時45分。

🍡 朔日餅は赤福本店の店内でイートインも可能。ただし売り切れ次第終了となる。

開
伊勢・二見

📷 TOURISM

🍴 EAT

🛍 SHOPPING

🎵 PLAY

85

EAT

和のインテリアがもたらすほっこり空間
茶屋カフェでくつろぐ

せっかくレトロな町並みを歩くなら、歴史のある老舗や、江戸時代を彷彿とさせる
和風の店構えの茶屋で休憩してはいかが。伝統の和菓子やスイーツを一緒にどうぞ。

くつろぎPOINT!
和室
穏やかな日が差し込み、広々と
居心地のよい座敷席。小さな子
ども連れにも安心。

庭園＆五十鈴川ビューで
癒しの時間を

くつろぎPOINT!
テーブル席
昔ながらの伊勢地方の商家を
再現。太い梁を設えた、高い天
井が開放的な空間。

おはらい町の名物茶屋
五十鈴茶屋本店
いすずちゃやほんてん

風情ある日本庭園を望
み、季節感あふれる二十
四節気菓子や和洋折衷
のスイーツに舌鼓。上品
な抹茶やほうじ茶はもち
ろん、地元コーヒーマイス
ターがブレンドした本格
コーヒーも味わい深い。

🏠伊勢市宇治中之切町30
☎0596-22-7000（総合案
内）　🕘9:00～17:00（喫
茶は9:30～16:30）　🈂無
休　🚌バス停神宮会館前
から徒歩3分　🚗Pなし

おはらい町
▶MAP 別 P.7E-2

くつろぎPOINT!
庭園
枯山水の見事な日本庭園を一
望。四季折々の表情が五感を潤
してくれる。

おみやげチェック！

和風ロールケーキの和三
盆と白豆のくるりは1本
1000円。当日中に食べよう

ふんわりとした食感のこ
だわりチーズのふわり10
00円はおみやげにも◎

小満（5月下旬～
6月上旬）の節気
菓子、伊勢撫子。
薄紅色の羊羹菓
子

くつろぎPOINT!
和スイーツ
24の節気ごとに替わる、節気菓
子とお抹茶セット800円が人気。
コーヒーも選択可。

こだわりのコーヒーが人気
五十鈴川カフェ
いすずがわカフェ

散策に疲れたら、五十鈴川ほとりの和カフェでまったり。コーヒーは厳選されたコーヒー豆を昔ながらのネルで抽出。芳醇な香りとスッキリとした味わいが特徴。コーヒーと相性のいいスイーツもある。

🏠 伊勢市宇治中之切町12　☎0596-23-9002
⏰ 9:30〜16:30LO（季節により異なる）　🅷無休
🚃 バス停神宮会館前から徒歩4分　🚗Pなし
おはらい町　▶MAP 別 P.7F-2

五十鈴川を眺めながらコーヒーブレイク

くつろぎPOINT!
和室
カウンター席や畳があり、どちらも和の情緒たっぷり。時間を忘れてくつろげそう。

しらたえ
（チーズケーキ）
370円

くつろぎPOINT!
チーズケーキ
コクのあるやわらかなチーズケーキを、レアチーズでコーティングしたクッキー生地にオン。ブレンドコーヒーと好相性。

くつろぎPOINT!
入口
暖簾をくぐるとコーヒーの香りが漂い幸福感に満たされる。参拝後の休憩にも。

北海道産小豆を使ったあん
バターサンド＋ドリンク580円

ここでしか味わえない！神代餅のアレンジメニュー

くつろぎPOINT!
餅スイーツ
神代餅を炙った焦がし餅、きな粉をかけた御幸餅は、そのままとはまた違った味わい。

くつろぎPOINT!
テーブル席
店内は蔵の梁がむき出しで、どこにいても木のぬくもりを感じられる造り。

おみやげチェック！

御幸餅をおみやげに。8個入りで650円。ヨモギときな粉が相性◎

老舗和菓子店の直営
茶房 太助庵
さぼう たすけあん

神代餅で有名な勢乃國屋（→P.88）の製造工場に併設した茶房で、工場直送の神代餅を使ったメニューが人気。おはらい町、おかげ横丁の中心から離れているので、静かにくつろげるのもうれしい。

🏠 伊勢市宇治今在家町144-10　☎0596-29-2323
⏰ 10:00〜16:00　🅷不定休　🚃バス停神宮会館前から徒歩2分　🚗Pなし　おはらい町　▶MAP 別 P.7E-3

お餅アラカルトセット（ドリンク付き）580円
（右）と抹茶フロート630円（左）

🌿 五十鈴茶屋本店では赤福餅を注文することもできる。

SHOPPING

昔から変わらないお伊勢参りの定番みやげ
伝統和菓子をプロファイル

A 赤福餅

こしあん ｜ 消費期限2〜3日

どっしり ★──── かろやか
甘さ ★★★ もっちり度 ★★★

超王道！

赤福餅
あかふくもち
8個入り 800円

餅の上にこし餡をのせた、シンプルながら調和のとれた食感と甘みの伊勢名物。

C 二見茶屋餅

売り切れ御免！

こしあん ｜ 消費期限2日

どっしり ★──── かろやか
甘さ ★★☆ もっちり度 ★★☆

二見茶屋餅
にけんちゃやもち
10個入り 840円

400年以上の歴史がある、薄皮のきな粉餅。生産数が少なく、かなりレア。

B 名物へんば餅

こしあん ｜ 消費期限2日

どっしり ────★ かろやか
甘さ ★★☆ もっちり度 ★★★

迷わず買うべし

名物へんば餅
めいぶつへんばもち
10個入り 800円

焼き色の付いた餅の中にこし餡が包まれている。経木のパッケージもいい感じ♪

D 神代餅

つぶあん ｜ 消費期限5日

どっしり ★──── かろやか
甘さ ★☆☆ もっちり度 ★☆☆

編集者イチオシ

神代餅
かみよもち
6個入り 550円

もち米にヨモギを加えて餡を包んだ草餅。保存料、着色料不使用の自然な味。

A 言わずと知れた老舗店
赤福本店
あかふくほんてん

創業宝永4 (1707) 年。手作業で作られる赤福餅は、今も昔も変わらない、伊勢を代表するおみやげとして親しまれている。

→P.82

NICE

B 愛され続けて247年
**名物へんば餅
おはらい町店**
めいぶつへんばもち
おはらいまちてん

安政4 (1775) 年、宮川の渡しのそばで創業。へんばとは参宮客が川を渡る前に馬を返す場所（返馬）から。

🏠 伊勢市宇治浦田1-149-1
☎ 0596-25-0150 ⏰9:00〜17:00 (売り切れ次第終了)
🈑月曜 (祝日の場合は翌日休) 🚌バス停神宮会館前から徒歩3分 🚗Pなし
おはらい町 ▶ MAP 別 P.7E-1

C 現在はカキと地ビールで有名
**伊勢角屋麦酒
内宮前店**
いせかどやびーる
ないくうまえてん

創業天正3 (1575) 年。かつては角屋、湊屋という2軒の茶屋が並んでいたことから、二軒茶屋と呼ばれるようになった。

→P.78

D さまざまなおみやげが揃う
勢乃國屋
せのくにや

内宮そばに店を構えるみやげ物店。オリジナルの神代餅のほか、さまざまな伊勢の商品を扱っている。レストランを併設。

🏠 伊勢市宇治今在家町117
☎ 0596-23-5555 ⏰9:30〜16:30 🈑無休 🚌バス停内宮前から徒歩1分 🚗Pなし
おはらい町 ▶ MAP 別 P.7E-3

おかげ参りで栄えた伊勢には、手みやげにぴったりの名物和菓子がいろいろ。人気の餅菓子、ういろ、饅頭を徹底調査！ 好みの和菓子をお持ち帰りしよう。

┤ What is ├

伊勢と和菓子

伊勢の和菓子といえば餅。桑名〜伊勢間の参宮街道は「餅街道」と呼ばれたほど。道中で食べられて、腹持ちがいいのが好まれた理由。

餅

ツウはこれ！

つぶあん ／ 賞味期限 7日

どっしり ←—★——→ かろやか
甘さ ★★☆ もっちり度 ★☆☆

E

太閤出世餅
たいこうしゅっせもち
8個入り 760円

自然の風味を大切に、一つひとつ手焼き。包装が1個ずつなのもうれしい。

ういろ

編集者イチオシ

消費期限：購入翌日

どっしり ←—★——→ かろやか
甘さ ★★☆ もっちり度 ★★★

G

虎屋ういろ
とらやういろ
1本 400円〜

小麦粉を主原料とした、あっさりとした味わいと弾力が魅力。定番と季節限定の種類豊富なういろがある。

餅

万人受け！

こしあん ／ 消費期限 5〜7日

どっしり ←——★—→ かろやか
甘さ ★★★ もっちり度 ★★☆

F

岩戸餅
いわともち
8個入り 800円

岩戸屋の看板商品。やわらかい餅に北海道小豆のこし餡が入ったひと口サイズ。きな粉も自然な甘さ。

饅頭

超定番！

こしあん ／ 消費期限 3〜5日

どっしり ←——★—→ かろやか
甘さ ★★☆ もっちり度 ★☆☆

H

利休饅頭
りきゅうまんじゅう
6個入り 650円

天皇の神宮御親謁の際に献上された。2種類あり、赤は小豆こしあん、白はうずら豆こしあん。

E 伊勢神宮のお膝元にある

太閤出世餅
たいこうしゅっせもち

創業永禄8(1565)、今も内宮のそばで営業を続けている。商品は太閤出世餅のみ。ほうじ茶セットの販売も行っている。

🏠 伊勢市宇治今在家町63 ☎0596-22-2767 ⏰10:00〜15:00(土・日曜は〜16:00) 休無休 ⊗バス停内宮前から徒歩1分 🚗Pなし
おはらい町 ▶MAP 別 P.7E-3

F おみやげから食事までOK

岩戸屋
いわとや

大きなおかめの看板が目印の、大型のみやげ物店。定番の岩戸餅のほかラインナップが豊富でおみやげのまとめ買いに便利。

🏠 伊勢市宇治今在家町58 ☎0596-23-3188 ⏰9:00〜17:00 休無休 ⊗バス停内宮前から徒歩2分 🚗Pなし
おはらい町 ▶MAP 別 P.7E-3

G 元祖ういろう専門店

虎屋ういろ 内宮前店
とらやういろ ないくうまえてん

ういろの専門店。店頭には10種類の定番のほか、季節変わりの限定ういろも。虎の形のベビーカステラ、虎虎焼も人気。

🏠 伊勢市宇治中之切町91 ☎0596-29-0008 ⏰9:00〜17:00 休無休 ⊗バス停神宮会館前から徒歩4分 🚗Pなし
おはらい町 ▶MAP 別 P.7E-2

H 昔ながらの和洋菓子を扱う

藤屋窓月堂
おはらい町本店
ふじやそうげつどう
おはらいまちほんてん

伝統の銘菓・利休饅頭で有名な和菓子店。市内の洋菓子店とのコラボ企画なども行う。

🏠 伊勢市宇治中之切町46-1 ☎0596-22-2418 ⏰9:00〜17:00 休無休 ⊗バス停神宮会館前から徒歩3分 🚗Pなし
おはらい町 ▶MAP 別 P.7E-2

🐾 虎屋ういろには、トラをかたどったベビーカステラ「虎虎焼(こととらやき)」もある。

SHOPPING

かわいくって、使い勝手も◎
普段使いOKな和雑貨を買う

SCENE 01
食卓

食事シーンを楽しくする毎日の相棒たち

- 妻 1760円
- 夫 1870円

萬古焼 夫婦茶碗 A
萬古焼の夫婦茶碗。二見の夫婦岩がモチーフで、ゑびやオリジナル

玉型藍縞 ご飯茶わん（大）D ・ 1540円
三重県の藍窯の作品で、手にすっぽり収まるサイズで使いやすい

各935円

萬古焼 手塩皿 A
軽くて手触りのいい小皿。エビ、海女さん、しめ縄の3種類がある

・ 990円
先角八角糸巻 D
末広がりで縁起がいいとされる、八角形の夫婦箸。使用感もいい

┌ **What is** ┐
萬古焼
四日市市の伝統工芸。ペタライトという鉱物を配合した土を使用しているため、耐熱性が高いのが特徴。電子レンジでも気兼ねなく使える。三重ブランド認定品。

┌ **What is** ┐
伊賀焼
日本最古の陶器と呼ばれる伊賀焼。戦国期に茶陶が全国に広まった。現在も伊賀を中心に多くの窯元があり、日常で使える食器をメインに制作している。

SCENE 02
ファッション・小物

気分がアガる
カラフル雑貨が勢揃い！

各1100円

コースター C
カラフルな組紐を組み合わせたコースターは豊富なバリエーション

┌ **What is** ┐
伊賀組紐
奈良時代に大陸から伝わったとされる組紐技術をもとに考案され、武器や茶道具の飾りに使われ発展した。色とりどりの染め糸を組台を使って一つずつ編み込んでいく。

・ 880円

伊賀組紐のヘアゴム C
伊賀組紐で作った玉が付いたヘアゴム。控えめな飾りで使いやすい

各1100円

厄除けキーホルダー C
伊賀組紐のキーホルダー。伝統的な叶結びで、願いが叶うとか

伊勢木綿のぽち手ぬぐい B
伝統を受け継ぐ伊勢とこわかやの、ハンカチサイズの伊勢木綿手ぬぐい

朝日てぬぐい E ・ 各990円
赤福の一大イベント、朝日餅（→P.85）の包装紙がモチーフの手ぬぐい

・ 5060円

伊勢木綿 めでたゑび ミニトート A
カラフルな伊勢木綿のトートバッグ。裏地も付いて頑丈

各990円

江戸時代から、伊勢参り後のお楽しみといえばおみやげ探し。普段の生活シーンでも活躍しそうな和雑貨をセレクト。注目は、伊勢木綿や伊賀焼など三重の伝統工芸品。

SCENE 03
縁起物

身につけて、部屋に飾って運気アップを目指しちゃおう

・660円

厄除け根付 C
伊賀組紐の根付。身につけると災難を除けるという7色で組んである

守袋 E ・各2750円
江戸時代から伝わる、縁起のいい絵柄が染め抜かれたお守り入れ

・450円

ふところ達磨 E
作家が一つひとつ手作りする小さなだるま。財布の中に入れれば金運がアップするかも

手染め木版 ・各1320円
干支ぬいぐるみ E
木版手染めという手法で染め付けた布を使った手作りのぬいぐるみ

┌ What is ┐
伊勢木綿
津市の「白井織布」のみで製造される、貴重な伝統工芸品。今でも昔ながらの織機で織られ、洗うほどにやわらかくなり風合いが増す。発色もよく、実にカラフル。

小銭入れ E ・各880円
伊勢木綿を使ったやわらかな風合いの小銭入れ。カードも入るサイズがうれしい

楊枝入れ B ・各780円
伊勢木綿の小さくてオシャレな楊枝入れ。鏡も付いていてメイク直しにも

・各460円

名刺入れ B
色柄も豊富にある伊勢木綿の名刺入れ。カード入れとしても使用できる

食堂併設のおみやげ店
A ゑびや商店
えびやしょうてん

ゑびや大食堂に併設したショップ。オリジナリティあふれる雑貨を多数扱っている。エビや海女さんなどのワンポイントが入った食器はマスト。

🏠 伊勢市宇治在家町13 ☎0596-63-5135 🕐9:30〜17:00 🈂無休 🚏バス停内宮前から徒歩2分 🚗Pなし
おはらい町 ▶MAP 別 P.7E-3

干物から伊勢木綿まで
B 魚春 五十鈴川店
うおはる いすずがわてん

干物「さめのたれ」で人気の魚春の五十鈴川店では、海産物以外にも伊勢木綿の商品を販売。五十鈴川が眺められる休憩スペースも。

🏠 伊勢市宇治中之切町9 ☎0596-20-7752 🕐9:30〜17:00 🈂水曜 🚏バス停内宮会館前から徒歩5分 🚗Pなし
おはらい町 ▶MAP 別 P.7E-2

伝統の伊賀組紐はここで
C くみひも平井
くみひもひらい

伝統工芸の伊賀組紐の技術で作られた、帯留めからアクセサリーまでさまざまな商品を販売している。オリジナル商品も多い。

🏠 伊勢市宇治浦田1-5-6 ☎0596-26-2377 🕐9:30〜17:00（季節により異なる）🈂無休 🚏バス停浦田町から徒歩2分 🚗Pなし
おはらい町 ▶MAP 別 P.7E-1

食器から箸まで揃う
D 他抜き だんらん亭
たぬき だんらんてい

約2000種類の和食器や箸を中心に扱っている。店名である「他抜き」とは、他人を抜いた家族や夫婦を意味する言葉なのだろう。

🏠 伊勢市宇治中之切町12 ☎0596-23-8730 🕐9:30〜17:00（季節により異なる）🈂無休 🚏バス停神宮会館前から徒歩4分 🚗Pなし
おかげ横丁 ▶MAP 別 P.7E-2

手仕事の工芸品がずらり
E 神路屋
かみじや

江戸時代を思わせる外観が目印。店内には、伝統工芸品の玩具や手ぬぐいなど昔ながらの手仕事の工芸品がずらりと並ぶ。

🏠 伊勢市宇治中之切町52 ☎0596-23-8822 🕐9:30〜17:00（季節により異なる）🈂無休 🚏バス停神宮会館前から徒歩3分 🚗Pなし
おはらい町 ▶MAP 別 P.7E-2

🛒 SHOPPING

故事にちなんだ伊勢の人気もの
おかげ犬グッズをコレクション！

絶対買って帰りたい
定番アイテム
― okage inu ―

ずらっと
並んだ中から
選ぼう！

小麦粉と
バターの香りが
ふんわり☆

♪♬

NICE

おかげ犬サブレ
6枚入り840円

三重県産小麦粉と国産バターをふんだん
に使った、サクッと口溶けのいいサブレ

おかげ犬みくじ
各400円

おみくじ入りのおかげ犬。おみくじを引
いたあとは飾ってもかわいい♡

財布守

参拝のお供にしたい
開運グッズ
― okage inu ―

おかげ犬
お守り木札
440円

お守りの中に、おかげ犬を模
した木札が入っている。全部
で3色から選べる

おかげ犬財布守
440円

お財布に入れる、小さな
おかげ犬のお守り。金運
アップのお守り

ご朱印帳カバー
1485円

イラストレーターの影山直美さんデザイ
ンのご朱印帳カバー。生地は伊勢木綿

人の代わりに伊勢神宮へ参ったおかげ犬は、今ではすっかり人気もの。かわいいおかげ犬を連れて帰ろう！

おかげ犬

江戸時代に大流行した「おかげ参り（→P.96）」。しかし、お参りに行きたくても行けない人もいた。そんな、出かけられない主人に代わって参った犬が「おかげ犬」。道中に必要なお金と伊勢参りをする旨を書いた書を首にくくりつけて送り出されたといわれている。

まだまだあります！
おかげ犬みやげ
― okage inu ―

**B　おかげ犬
ぬいぐるみ**
(小) 各2670円

松阪木綿のぬいぐるみ。注連縄と「おかげまいり」の旗付き

A　おかげ犬 巾着
990円

手触りのいい手ぬぐいで作った巾着袋。携帯やカメラにジャストサイズ

**A　手ぬぐい＆
ボディタオル**
1265円（右）、880円（左）

おさんぽおかげ犬シリーズの手ぬぐいと泡立ちのいいボディタオル

ワンッ

CUTE!

B　おかげ犬ストラップ
各680円

店にある中では、一番小さなおかげ犬。白、藍、縞の3種類がある

ここで買える！

A　おみやげや
おかげ犬グッズがずらり！

おかげ横丁にあるおみやげ店。酒屋の倉庫蔵を再現した店舗の中に、伊勢みやげにぴったりのおかげ犬グッズがぎっしりと並んでいる。

🏠 伊勢市宇治中之切町52　☎0596-23-8838　⏰9:30〜17:00（季節により異なる）　🈺無休　🚌バス停神宮会館前から徒歩3分　🚗Pなし

おかげ横丁　▶MAP 別 P.7E-2

B　もめんや藍
もめんやあい
松阪木綿の専門店

伝統工芸品でもある松阪木綿を扱う店。木綿のおかげ犬は、ストラップから大きなぬいぐるみまで種類豊富に揃っている。

🏠 伊勢市宇治中之切町77　☎0596-23-8809　⏰9:30〜17:00（季節により異なる）　🈺無休　🚌バス停神宮会館前から徒歩3分　🚗Pなし

おかげ横丁　▶MAP 別 P.7E-2

C　五十鈴茶屋本店
いすずちゃやほんてん
おはらい町の隠れ家カフェ

おはらい町にある茶店。おみやげも多数販売しており、一番人気はおかげ犬サブレ。日持ちもするので、ばらまきみやげにもぴったり。

→P.86

🐾 文政13（1830）年のおかげ参りの様子を書いた御陰参宮文政神異記には、阿波の国から参宮した「おさん」という犬の記述がある。

TOURISM

少し足を延ばして訪れたい
伊勢神宮の別宮にお参り

正宮にお参りしたら、別宮へと行ってみよう。外宮、内宮からは少し離れているので、
静かな雰囲気の中、ゆっくりと参拝できる。

主祭神

月読尊
月夜見尊御荒魂
伊弉諾尊
伊弉冉尊

静けさの中に佇む
聖なるお宮で祈りを捧げる

右から月読荒御魂宮、月読宮、伊佐奈岐宮、伊佐奈弥宮が鎮座している

天照大御神の弟神を祀る
内宮から
バスで
5分

月読宮
つきよみのみや

内宮の別宮で、月読尊を祀る。月読尊
は天照大御神の弟神で、月の満ち欠
けを司る神。宮内にほかに3宮があり、
天照大御神の父母神である伊弉諾尊、
伊弉冉尊も祀っている。

🏠 伊勢市中村町742-1 ☎0596-24-
1111（神宮司庁）⏰1～4・9月は
5:00～18:00、5～8月は～19:00、10
～12月は～17:00 休無休 料参拝
自由 🚌バス停中村町から徒歩5分
🅿P18台
内宮周辺 ▶MAP 別P.5D-2

内宮の別宮なので、千木は内削

お参りの順番
境内には4つのお宮があり、回るとよいとされる順番がある。

鳥居＆手水

まずは鳥居から入り、境
内へ。手水舎で手を清め
てからお参りへ。

4つの宮を回る

最初に月読宮、次に月読
荒御魂宮、その次に伊佐
奈岐宮と回る。

お参り終了

最後に4つ並ぶ中で最も
左に立つ伊佐奈弥宮へお
参りする。

葭原神社へ

域内の裏参道入口近くに
内宮の末社がある。五穀
豊穣の神を祀る。

主祭神
倭姫命

大正12(1923)年に建立された比較的新しい別宮

月夜見宮の奥には外宮の摂社、高河原神社がある

主祭神
月夜見尊
月夜見尊御荒魂

倭姫命を祀る別宮
倭姫宮
やまとひめのみや

内宮から
バスで
10分

大正12(1923)年に建立された比較的新しい別宮。皇大神宮(内宮)を創建した倭姫命を祀る。周辺は神宮徴古館や神宮美術館などの関係施設が点在する倭姫文化の森。

🏠 伊勢市楠部町5 ☎0596-24-1111(神宮司庁) ⏰1〜4・9月は5:00〜18:00、5〜8月は〜19:00、10〜12月は〜17:00 ㊡無休 ㊋参拝自由 🚌バス停徴古館前から徒歩3分 🅿P43台

神宮徴古館周辺 ▶MAP 別P.5D-1

周辺には文化施設が点在する

月夜見尊を祀る外宮の別宮
月夜見宮
つきよみのみや

外宮から
徒歩
10分

御祭神は月読宮と同じ月夜見尊と、月夜見尊荒御魂。外宮の別宮では唯一宮城外にあるが、徒歩圏内なので外宮のあとに参拝するのがおすすめ。

🏠 伊勢市宮後1-3-19 ☎0596-24-1111(神宮司庁) ⏰1〜4・9月は5:00〜18:00、5〜8月は〜19:00、10〜12月は〜17:00 ㊡無休 ㊋参拝自由 🚃JR・近鉄伊勢市駅から徒歩5分 🅿P外宮駐車場利用

外宮周辺 ▶MAP 別P.6A-1

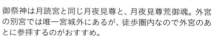

そばには手水舎もある

```
～》What is 《～
125社からなる伊勢神宮
```
伊勢神宮の正式名称は「神宮」。神宮は皇大神宮(内宮)と豊受大神宮(外宮)の正宮と、別宮、摂社、末社、所管社の合わせて125社から成り立っている。

◆ 正宮(2宮)

皇大神宮(内宮)→P.56　　豊受大神宮(外宮)→P.38

◆ 別宮(14宮)

＜内宮の別宮＞

荒祭宮 →P.61　　　　　伊佐奈弥宮 →P.94
風日祈宮 →P.62　　　　瀧原宮
月読宮 →P.94　　　　　瀧原並宮
月読荒御魂宮 →P.94　　伊雑宮 →P.138
伊佐奈岐宮 →P.94　　　倭姫宮 →P.95

＜外宮の別宮＞

多賀宮 →P.43　　　　　風宮 →P.44
土宮 →P.44　　　　　　月夜見宮 →P.95

◆ 摂社(43社)

平安時代中期の延長5(927)年にまとめられた延喜式神名帳に載っている、正宮・別宮を除く宮社。内宮は27社、外宮は16社ある。

◆ 末社(24社)

延喜式神名帳には載っていないが、延暦23(804)年に記録された延暦儀式帳に載っている宮社。内宮は16社、外宮は8社ある。

◆ 所管社(42社)

正宮や別宮に関わりの深い、主に衣食住を司る神を祀った宮社。内宮は30社、外宮は4社、瀧原宮と伊雑宮に別宮所管社が8社ある。

倭姫宮の周辺には森が広がる。博物館・美術館見学と併せ、時間をとって訪れたい。

江戸で大流行！
おかげ参り

日本人の旅の始まりは
一生に一度のお伊勢参り

おかげ参りとは、江戸時代に一大ブームとなった伊勢神宮への集団参詣のこと。60年周期で3度起こったとされ、1年に何百万人もが伊勢に参ったと伝えられている。庶民の参拝者も多く、なかには無断で参拝に行く奉公人や子どもまでいたことから"抜け参り"とも呼ばれた。

江戸時代は政情が安定し、参勤交代により街道や宿が整備され安全に旅ができるようになったこと、さらに大金を持っていなくても伊勢参拝とわかれば沿道で施しを受けることができたということが、ブームの後押しとなったようだ。ただし、関所の通行手形を持っていない庶民が自由に旅行できたわけではなく、お伊勢参りのような信仰上の旅行のみが許されていた。

伊勢へは江戸から片道15日、大阪から5日はかかったという。ガイドブックの元祖ともいえる旅の案内書も、この頃に発売された。

『伊勢参宮宮川の渡しの図』／
画：歌川広重（神宮徴古館蔵）

右の浮世絵は、安政年間（1855〜1860年）に描いた参宮街道の宮川の渡し。にぎやかな様子が描かれている。のぼり旗や傘におかげ参りの文字が見てとれる。参宮者を迎え伊勢音頭を踊っている人やおかげ犬（→P.92）も。川に入っている人は参宮者に代わって禊をする人で、これを「代垢離」といった。

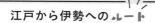

江戸から伊勢への ルート

江戸から伊勢へ。参拝者たちは、頭に笠、手に柄杓を持ち西へと向かった。途中、施しのため無料で利用できる施行宿を利用するのが一般的だった。

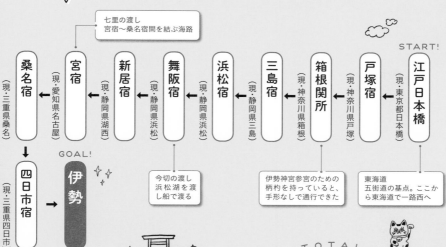

START!

江戸日本橋（現・東京都日本橋）← 戸塚宿（現・神奈川県戸塚）← 箱根関所（現・神奈川県箱根）← 三島宿（現・静岡県三島）← 浜松宿（現・静岡県浜松）← 舞阪宿（現・静岡県浜松）← 新居宿（現・静岡県湖西）← 宮宿（現・愛知県名古屋）← 桑名宿（現・三重県桑名）

七里の渡し
宮宿〜桑名宿間を結ぶ海路

東海道
五街道の基点。ここから東海道で一路西へ

伊勢神宮参宮のための柄杓を持っていると、手形なしで通行できた

今切の渡し
浜松湖を渡し船で渡る

GOAL!

桑名宿 → 四日市宿（現・三重県四日市）→ 伊勢

伊勢街道（参宮街道）
日永追分で、東海道から伊勢街道へと入る

TOTAL
約460km ◇ 約15日間

1802年に出版された『東海道中膝栗毛』の弥次さん喜多さんの旅は、このおかげ参り。伊勢のあとも京都、大阪、四国などへ旅が続く。

TOURISM

禊の場であり、夫婦円満のシンボル
夫婦岩でお清め＆縁結び

猿田彦大神を祀る神社
二見興玉神社（夫婦岩）
ふたみおきたまじんじゃ（めおといわ）

かつて伊勢参りを控えた人々が汐水で心身を清めた禊の地。海と崖に囲まれたわずかな土地に二見興玉神社が鎮座し、海面には大小2つの岩からなる夫婦岩がある。

🏠 伊勢市二見町江575　☎0596-43-2020　🈳
参拝自由　🚶JR二見駅から徒歩15分　🚗30台
二見周辺　▶MAP 別P.3B-2

高さ9mの男岩。てっぺんの近くに鳥居がある

夫婦岩
2つの岩を大注連縄は、沖合に鎮まる猿田彦大神ゆかりの霊石を拝むための鳥居、夫婦円満のシンボルでもある

境内で注目したい 👀
パワスポ＆見どころはココ！

岸から夫婦岩を参拝して、二見興玉神社の境内にある見どころやパワースポットを巡ろう。

境内には主祭神である猿田彦大神の使いである蛙があちこちに！

●手水舎●
願掛け蛙が祀られている手水舎。3体の蛙に水をかけて、願いを祈ろう

●蛙の奉献●
奉献された、蛙の像。「無事にかえる、お金がかえる」といったご利益があるとされる

縁結び

お清め

●日の出遥拝所●
鳥居越しに夫婦岩を見られる。傍らにある輪注連縄で手足をさすると、穢れを祓ってくれる。

禊の場として霊験あらたかな地、二見湾。湾沿いに立つ二見興玉神社は、古くはお清めのための禊の場、現在では夫婦円満や縁結びのパワースポットとして人気を集めている。

海に鎮まる霊石を望む
古くからの禊の場

 高さ4mの女岩。夫婦岩と呼ばれるようになったのは明治以降

男岩と女岩を結ぶ大注連縄。毎年5月5日、9月5日、12月中旬に縄を替える夫婦岩大注連縄張神事が行われる

5〜7月頃には夫婦岩の間から太陽が昇る。夏至には富士山から昇る日の出が見られる

縁結び

● 天の岩屋 ●
内宮に祀られている主祭神、天照大御神（日の大神）が隠れた岩屋と伝わる場所

● 契りの松 ●
江戸時代に二見浦の浜で禊を行った男女が夫婦の契りを結んだとされる松の木

お清め

`How to`

浜参宮で穢れを落とす
はまさんぐう　けが

浜参宮とは、神宮に参拝する前に二見興玉神社を訪れ身を清めること。お清めには以下の方法がある。

◆ 無垢塩祓でお清め
むく　しおばらい

古来、禊業の代わりとして行うご祈祷で、社務所で申し込んで受けることができる。無垢塩草（初穂料300円）というお清めのお守りを授与する方法も。

無垢塩草。お風呂に入れて入浴するか身につけるとお清めとなる

◆ 伝統の禊業に参加
みそぎぎょう

3〜10月の第3土・日曜に行われる。土曜は18:00から鎮魂並び禊の説明が行われ、翌日曜は日の出前に集合し禊を行う。両日参加が5000円、1日は3000円（2022年9月現在、休止中）。

水に入り身を清める昔ながらの禊業

二見の老舗和菓子屋さんへ

創業280有余年の老舗和菓子店。二見浦の波を模したお福餅はみんなに愛される定番の銘菓。ロングセラーのこし餡アイスキャンディも好評。

御福餅本家
おふくもちほんけ

🏠 伊勢市二見町茶屋197-2　☎0596-42-1100　🕘9:00〜16:30LO　🗓無休　🚃JR二見浦駅から徒歩3分　🅿P16台

二見周辺 ▶MAP 別P.3B-2

こし餡アイスキャンディ、アイスマック1本150円

餅をこし餡で包んだお福餅8個入750円

🏞 10〜1月の満月の日に、夫婦岩の間に満月を見ることができる。朝日に負けず劣らず美しい風景だ。

TOURISM

幸せな未来を願って参拝
猿田彦神社で道を開く！

猿田彦神社は、人生の岐路に参拝したい、道開きの神様を祀る。お参りのあとは、境内をくまなく回ってさまざまなご利益にあずかっちゃおう！

本殿の造り
「さだひこ造り」という特殊な妻入造り

入学、進学、就職、結婚…門出に詣でたい道開きの神社

主祭神

祝七五三まつり
猿田彦神社

猿田彦大神
（さるたひこおおかみ）
天孫降臨の際、天照大御神の孫ニニギの先導をしたことから"道開きの神様"として知られる。

今後の進路を明るく照らす
猿田彦神社
さるたひこじんじゃ

内宮から 徒歩15分

猿田彦大神を祀る神社。人々をよいほうに導く力があるとされ、交通安全や方位除けの神社として信仰されている。代々の宮司は、猿田彦大神の子孫である宇治土公家が務めている。

🏠 伊勢市宇治浦田2-1-10 ☎0596-22-2554 ⑧参拝自由（授与所は8:30～17:00頃） ⑧JR・近鉄伊勢市駅からバスで15分、猿田彦神社前下車すぐ
🚗P有料70台（30分無料）
内宮周辺 ▶MAP 別 P.7D-1

境内社にも注目！

天宇受売命
（あめのうずめのみこと）
技芸の神で、芸能の始祖神。天照大御神が岩戸に隠れた際、神楽を踊り誘い出した。

佐瑠女神社
（さるめじんじゃ）

猿田彦神社の境内社。芸能上達にご利益があるとされ、アーティストや芸能人、スポーツ選手の参拝者が多いことで有名。

猿田彦大神とその裔である大田命（おおたのみこと）を祀っている

主祭神

佐瑠女神社のお守りなども用意されている

有名な芸能人やアーティストの奉納もある

猿田彦神社の境内を巡る

境内に点在するパワースポットを回ろう。
それほど広くないので、20分もあれば十分。

↑鳥居をくぐって本殿へ

鳥居をくぐり手水舎へ

手水社でお清めをしたら、大鳥居を
くぐって神社の境内へ。大通り沿い
とは思えないほど静謐な空気が流
れている。

手水でお清めを
してからお参り

まずは本殿へお参り

最初は正面に見える境内でお参り。猿田彦大
神は道開きの神様なので、今後の目標や進路
についてしっかり願掛けしよう。

ご利益
☑ 道開き

二礼・二拍手・一礼で
参拝を

境内随一のパワスポ、方位石へ

かつての神殿跡を印した八角形の
方位石。境内で最もパワーが満ち
あふれた場所とされ、さまざまなご
利益がいただける。

ご利益
☑ 仕事運
☑ 金 運
☑ 家庭運
☑ 人気運

方位に手を
置いて願おう

本殿の前にある

たから石で金運UP！

七福神が乗る宝船を連想させる、
舟形石。蛇が乗っているように見
えることから、特に縁起のいいもの
として信仰されている。

ご利益
☑ 金 運

注連縄と説明書きがある

佐瑠女神社にお参り

芸能上達の神様、天宇受売命にお参り。天津
神と国津神の仲を取り持たれたことから、縁結
びのご利益もいただける。

ご利益
☑ 芸能上達
☑ 縁結び

こちらも二礼・二拍
手・一礼が作法

ご利益
☑ 子宝運

たくさんの錦鯉が
泳いでいる

子宝池へ

境内の片隅にある池は、子宝池と
呼ばれ、子宝に恵まれるパワース
ポットとして信仰されている。

三角形の千代紙の
おみくじ

授与所で効くと噂の
おみくじを引く

授与所では、授与品やご朱印、佐
瑠女神社の恋みくじも人気。千代
紙の中には3色の鈴のお守りが入
っている。

まだまだある！
伊勢のパワスポ神社

健脚の神様
宇治神社（足神さん）
うじじんじゃ（あしがみさん）

内宮から
徒歩
2分

「足神さん」と呼ばれ信仰を集める神
社。健康と健脚を祈願し、願いが叶
うようにわらじや絵馬などを奉納す
る慣わしがある。

🏠 伊勢市宇治今在家町172
☎0596-24-9587 🕐参拝自
由（授与所は金～水曜9:00
～12:00）🚌バス停内宮前
から徒歩3分 🅿P市営駐車
場利用

内宮周辺 ▶MAP 別P.7D-3

本殿の横に鎮座して
いるのが足神さん

奉納された無数のわ
らじがある

内宮の裏手に位置している

奉納の塩を作っている
御塩殿神社
みしおどのじんじゃ

神様への塩を作っている神社。御塩浜で作られた
高濃度の塩水を、御塩殿で荒塩にして焼き固める。

🏠 伊勢市二見町荘
唐剣山2019-1 ☎
0596-24-1111（神
宮司庁）🕐参拝自
由 🚌JR二見浦駅
から徒歩15分 🅿
Pなし

二見周辺
▶MAP 別P.3B-1

御塩焼固は3月と10月に行われる

伊勢神宮周辺

TOURISM

ニャ～！

おかげ参りを支えた物流の拠点

蔵の町、河崎をおさんぽ

川沿いのレトロタウンぶらぶら歩き

600坪の敷地があり、江戸と明治時代の蔵7棟、町家2棟を見ることができる

立派な蔵ね～

河崎の歴史を伝える資料がずらり

復刻されたエスサイダーは1本220円

江戸時代末期に建造された「角仙」屋号の倉庫棟

古い蔵のカフェで地元素材スイーツを

柱や梁に時代を感じる店内

A

蔵の町の歴史を伝える資料館

伊勢河崎商人館
いせかわさきしょうにんかん

河崎の歴史を伝える施設。江戸時代創業の酒問屋・小川酒店の建物を利用している。小川酒店は平成11(1999)年まで営業した老舗で、明治にはサイダーの製造販売もしていた。

🏠 伊勢市河崎2-25-32　☎0596-22-4810　🕘9:30～17:00　㊡火曜(祝日の場合は翌日休)　🈷入館350円　🚃JR・近鉄伊勢市駅から徒歩15分　🚗P30台
`河崎` ▶MAP 別P.4B-3

B

猫店長のいる蔵のカフェ

茶房 河崎蔵
さぼう かわさきくら

古い蔵を利用したリノベカフェのパイオニア。一見町家のようだが、中に入ると二重扉になっており重厚な蔵造りの空間が広がる。インテリアもアンティーク調で、古いモノ好きにはたまらない空間。

🏠 伊勢市河崎2-13-12　☎090-1472-8713　🕘9:00～17:30LO　㊡不定休　🚃JR・近鉄伊勢市駅から徒歩10分　🚗P4台
`河崎` ▶MAP 別P.4A-3

伊勢市駅の北、勢田川沿いにある河崎は、蔵が並ぶかつての問屋街。近年、蔵をリノベーションしたカフェやショップが増え、注目を浴びている。歴史感じるレトロさんぽへ。

What is

河崎

勢田川の中流域にある河崎は水運により栄えた街。江戸時代、参宮客への物資の提供を担い“伊勢の台所”として発展。建物は川に面しており、舟から直接物資を運び込めるようになっていた。妻入りの町家造りや飾り瓦、隅蓋(すみぶた)などは、河崎ならではの景観。

現在も見かける隅蓋。波のほか亀や蛙など水にまつわる形が多い

C 建造100年を超える町家を改装している

大豆の味が詰まった絶品豆腐御前

特製油揚げやおいなりさんに6つの豆腐料理が付くおばんざい御膳1500円

古本からレコードまで歴史が詰まった本屋さん

河崎のことならおまかせ

先代で「生き字引」の薫さんと2代目の悠介さん

ユニークなロゴは地元への愛の証

E

C 「西国三十三所」「恐山」「四国八十八ヶ所」をモチーフとしたPILGRIMS/神仏混淆 湯呑 各2200円

E 「新商品も開発中です」とスタッフのはしもとさん

サトナカクッキー。パッケージにより枚数と種類が異なり、塩・米・酒が各3枚入り842円など

甘みが強い!

C 大豆丸ごと手作り豆腐
町家とうふ
まちやとうふ

おからの出ない独特の製法で作る豆腐料理の専門店。国産フクユタカで作る豆腐は、甘さがあって濃厚。御前を頼むと、できたての寄せ豆腐、豆乳、炒り豆が付いてくる。

🏠 伊勢市河崎2-14-12 ☎0596-25-1028 ⏰11:00〜14:00LO (休)不定休 🚉JR・近鉄伊勢市駅から徒歩10分 🅿P7台
河崎 ▶MAP 別P.4A-3

D 伊勢・河崎の生き字引
古本屋ぽらん
ふるほんやぽらん

奥村さん親子で営む古本屋。先代の薫さんは、河崎についての書物を読みあさり一家言をもつ人物。本のほか歌謡曲レコードなども販売している。4匹の猫がいて、ファンも多い。

🏠 伊勢市河崎2-13-8 ☎0596-24-7139 ⏰10:00〜19:00 (休)火曜 🚉JR・近鉄伊勢市駅から徒歩10分 🅿P2台
河崎 ▶MAP 別P.4A-3

E 塩・米・酒で作るサトナカクッキー
中谷武司協会
なかたにたけしきょうかい

河崎の地名、「サトナカ」にちなんだクッキーを販売。三重の材料を使った手作りクッキーは優しい味。店名は代表者であるデザイナーの名前から。ロゴの由来などアイデアにあふれた話は、ぜひ店舗で確認を。

🏠 伊勢市河崎2-4-4 ☎0596-22-7600 ⏰10:00〜18:00 (休)日〜火曜 🚉JR・近鉄伊勢市駅から徒歩8分 🅿P2台
河崎 ▶MAP 別P.4A-3

河崎蔵の町並みは、昭和49(1974)年の水害により川沿いの景観が一変した。現在は町並みの蔵や町家が修復・保存されている。

TOURISM

伊勢参りの賓客をもてなした
賓日館の伝統建築にうっとり

日本の皇族も利用した、ゴージャスな宿泊施設が賓日館。日本の建築の
"粋"が詰め込まれた館内は、まるで和風建築の美術館！細かな装飾を探して歩いてみよう。

随所に建築美が散りばめられた建物

日本の伝統、
ここにあり！

明治に建てられた賓賓の宿

賓日館
ひんじつかん

歴代皇族や要人に利用されてきた木造2階建
ての建物。明治天皇の母、英照皇太后の宿泊
施設として明治20(1887)年に造られ、2回
の増改築を経て現在の姿になった。

... 伊勢市二見町茶屋566-2 ☎0596-43-20
03 ⊙9:00～16:30(最終入館) 休火曜(祝
日の場合は翌日休) 料入館310円 交JR二
見浦駅から徒歩12分 Pなし

二見周辺 ▶MAP 別 P.3B-2

外観
当時の有名建築家が設計。
曲線がきれいな唐破風屋根
は昭和の増改築で造られた

歴史を感じる

細かな装飾にも注目

部屋の柱の上部に
は、釘隠しという
装飾が。部屋によ
って形が異なる

階段親柱に彫られ
た二見カエルは彫
刻家・板倉白龍の
作品

大広間のシャン
デリア。天井の
一部には金箔が
貼られている

旧客室・庭園

客室として使われた部
屋は全部で6室。回廊
式になっており、窓から
枯山水の庭園が望める

中庭も
キレイ！

大広間
120畳の書院造間。能
舞台が設けられてお
り、今でもコンサート
などが開催される

御殿の間

皇族が利用した御殿の間。二重格格天井や輪
島塗・螺鈿細工の床の間は創建当時のまま

御殿の間の至るところに神宮の花菱紋の形をした装飾がある。

鳥羽
TOBA

周辺スポットからの
アクセス

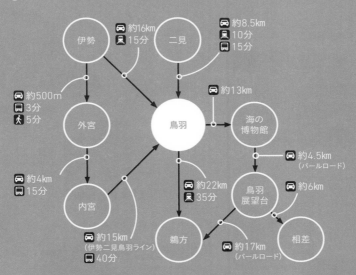

伊勢
🚗 約16km
🚊 15分

二見
🚗 約8.5km
🚊 10分
🚌 15分

外宮
🚗 約500m
🚌 3分
🚶 5分

鳥羽

海の
博物館
🚗 約13km

内宮
🚗 約4km
🚊 15分

🚗 約4.5km
（パールロード）

🚗 約22km
🚊 35分

鳥羽
展望台
🚗 約6km

鵜方
🚗 約15km
（伊勢二見鳥羽ライン）
🚌 40分

相差
🚗 約17km
（パールロード）

オーシャンビューと海鮮の町

鳥羽早わかり！
（とば）

漁場が豊富な海鮮の町、世界のミキモトで有名な真珠の町として知られている。駅周辺には鳥羽水族館やミキモト真珠島が、志摩を結ぶパールロードの途中には海の博物館や鳥羽展望台などの見どころが点在する。

鳥羽を巡る2つのコツ

🚌 鳥羽市内を走る かもめバスで巡ろう！

JR・近鉄鳥羽駅を拠点に、相差経由や鳥羽展望台など周辺各地を運行している市営のかもめバス。離島行きの定期船に乗る場合は、鳥羽駅〜鳥羽マリンターミナル間を無料で利用できる。

1日券1000円が便利！バスセンターの窓口で購入可

🚗 車があればもっと楽しい！ 人気ドライブルートへ

駅周辺以外の見どころは距離があるため、車を利用すれば効率よく巡れる。相差や志摩方面へは、国道167号を走るルートとパールロードを走るルートがある。パールロードのほうが遠回りだが眺めがいい。

絶景ビューが楽しめる展望台も立ち寄ろう！

鳥羽ドライブ王道コース

所要 約7時間

鳥羽駅周辺の定番観光地からスタートして、絶景を眺めるドライブルートでゴール！

START
JR・近鉄鳥羽駅前

遊覧クルーズで鳥羽湾をぐるり

9:30
遊覧クルーズで鳥羽湾めぐりとイルカ島を満喫
→P.114

11:30
鳥羽水族館で海洋生物たちに癒される
→P.108

イルカ島のショーを堪能

新鮮なカキを食べまくる！

13:30
海鮮丼またはカキ食べ放題で遅めのランチ
→P.120,123

14:30
パールロードを絶景ドライブ
→P.26

人気のドライブコース、パールロード

15:45
パワースポット、神明神社〈石神さん〉でお祈り
→P.116

神明神社〈石神さん〉で願い事をお祈り

GOAL
JR・近鉄鳥羽駅前

見どころからグルメまで網羅！

1 鳥羽駅周辺
とばえきしゅうへん

メインの見どころはJR・近鉄鳥羽駅周辺に集中している。駅から鳥羽マリンターミナルまで徒歩約10分。鳥羽水族館、ミキモト真珠島も徒歩圏内だ。鳥羽マルシェで地元でとれた新鮮な魚介や農作物を味わおう！

鳥羽水族館の海の仲間たちに会いに行こう

鳥羽水族館 →**P.108**
ミキモト真珠島 →**P.115**

絶景ドライブをエンジョイ！

2 パールロード

鳥羽と志摩を結ぶ県道128号の愛称。全長24kmの人気のドライブコースは、海沿いの高台を走るため眺めが抜群！鳥羽展望台などのビュースポットも点在する。基点となる浦村かきで有名で海の博物館もここにある。

絶景が続くパールロード

鳥羽展望台から大海原を見下ろす

鳥羽展望台 →**P.26**
鳥羽市立海の博物館 →**P.119**

石神さんと海女の町

3 相差周辺
おうさつしゅうへん

現在も多くの海女さんが活躍している相差地区には、海女料理を味わえる海女小屋体験施設がある。"石神さん"と呼ばれて古くから地元の人の信仰を集めてきた神明神社は、願いを叶えてくれると話題で多くの女性が訪れる。

相差海女文化資料館で歴史を学ぶ

神明神社〈石神さん〉でお参り

神明神社〈石神さん〉 →**P.116**
相差海女文化資料館 →**P.119**

島めぐりを楽しむ

4 離島
りとう

伊勢湾に浮かぶ4つの島めぐりは、鳥羽のもうひとつの楽しみ方。島ならではの文化や自然に触れられる。鳥羽マリンターミナルから答志島、神島、菅島、坂手島へ直行便の船が出ており、所要10〜40分と手軽にアクセスできる。

鳥羽市最大の有人島、答志島

神島 →**P.112**

離島めぐりとクルージングの拠点 マリンターミナル

JR・近鉄鳥羽駅から徒歩でアクセスできる鳥羽の海の玄関口。鳥羽市定期船や鳥羽湾クルーズの遊覧船などが発着する。定期船乗り場では佐田浜という寄港地名でも呼ばれる。ターミナル内にはカフェスペースや展望デッキが設けられている。
→**P.113**

真珠のネックレスからインスパイアされた外観

 マリンターミナルは夜になるとライトアップされて、真珠のネックレスのような昼間より美しい姿を見られる。

鳥羽 TOURISM EAT SHOPPING PLAY

TOURISM

三重を代表する巨大水族館
必見5で鳥羽水族館完全攻略！

"トバスイ"の愛称で親しまれる鳥羽水族館は、飼育種類数日本一のすごい水族館！ 館内12のエリアの中でも、必見のスポットをご案内。見学には最低でも2時間はとっておきたい。

ウミガメや熱帯魚の群れがゆったりと頭上を泳ぐ

周囲にも小さな水槽がある

幻想的な水中の世界を
12のゾーンで覗いてみよう

水族館でダイビング体験？
全面ガラスの中に入るとダイビングをしている感覚に

熱帯魚の海を散歩してるみたい♪

ウミガメに癒される〜
水槽内にはアオウミガメが。優雅に泳ぐ姿に、思わずうっとり

人エサンゴ礁
55種類、約650個の人エサンゴが水槽を彩る

01 コーラル・リーフ・ダイビング Ｄ

水量約800トンの人エサンゴ礁の水槽は迫力満点。世界初の全面ガラス閲覧ギャラリーの向こうに美しい海の花園が広がり、ウミガメや熱帯魚たちが悠々と泳ぐ。

こんな生きものがいるよ！
メガネモチノウオ（ナポレオンフィッシュ）、アオウミガメ、ナンヨウハギなど

〜How to〜
水族館観光のポイント

見学ポイント
全長240m、通路の合計は約1.5kmと広く、12のゾーンに分かれた展示はいずれも見ごたえたっぷり。館内に観覧順序はなく自由に歩けるので、混雑を避けて見学しよう。

館内イベント
アシカショーのほか、ペンギンの散歩（12:00〜）、セイウチふれあいタイム（11:00〜、14:00〜）を開催。場所はどちらも水の回廊（アクアプロムナード）。ラッコのお食事タイムは9:40〜、13:00〜、16:20〜の1日3回（極地の海）。

おみやげも忘れずに
中央出入口付近のメインショップでは地域の名産品やお菓子を、プラザショップではオリジナルグッズなどを販売。

鳥羽水族館オリジナル金平糖各500円

水族館オリジナルのぬいぐるみ、もちもちじゅごん 2400円

館内MAP

3F A B G J
2F A B C D E F H I K L
1F B

WOW!

1200種類の生きものに会える
鳥羽水族館
とばすいぞくかん

魚類はもちろん、哺乳類や両生類など約3万点を飼育する国内最大級のアクアリウム。日本で唯一飼育するジュゴンのほか、スナメリやクリオネなど希少な生きものに出会うことも。

🏠 鳥羽市鳥羽3-3-6 ☎0599-25-2555 🕐9:00〜17:00（7月20日〜8月31日は8:30〜17:30）、入館は1時間前まで 🈳無休 💴入館2800円 🚉JR・近鉄鳥羽駅から徒歩10分 🅿有料500台

鳥羽駅周辺 ▶ MAP 別P.12B-2

02 へんな生きもの研究所 Ⓚ

その名の通り、思わず「なにこれ!?」と叫んでしまう生きものたち約55種300点が大集合。入口そばの水槽には世界最大のダンゴムシであるダイオウグソクムシの展示も。

こんな生きものがいるよ!

> ダイオウグソクムシ、イヌガエル、ウミサボテン、コンペイトウ、ウミケムシ、ヨウジウオなど

日本初展示！
イヌガエル

「ワン」と鳴きます

サンゴの仲間だよ〜
ウミサボテン

ダイオウグソクムシ

ダンゴムシの一種で"深海の掃除屋"

写真提供：鳥羽水族館

03 パフォーマンススタジアム Ⓐ

人気者のアシカがジャンプや輪くぐりなどコミカルな演技を披露。飼育スタッフとの息の合ったやりとりにほっこり。1日4回開催され、ショーは1回約15分。

スケジュール

10:00〜、11:30〜、13:00〜、15:30〜

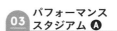
頭のいいアシカに拍手

ジャンプ！

NICE

わっかキャッチだってお手の物☆

04 海獣の王国 Ⓑ

2018年にリニューアルし、世界初の水上透明チューブを設置。水面を歩きながら巨大なトドやカリフォルニアアシカ、アザラシたちの自然で迫力満点の生態を見学できる。

こんな生きものがいるよ!

> トド、カリフォルニアアシカ、ハイイロアザラシなど

透明チューブで海獣たちに近寄れる

アシカやアザラシを見に行こう

深海に迷い込んだかのようなミステリアスな雰囲気が漂う

05 古代の海 Ⓒ

カブトガニやオウムガイなど"生きている化石"と呼ばれる生きものたちが暮らすゾーン。古代魚と呼ばれるアリゲーターガーがゆったりと水槽を泳ぎ、足元には古代の化石も展示。

こんな生きものがいるよ!

> オーストラリアハイギョ、カブトガニ、オウムガイの仲間、アリゲーターガー、シロワニなど

コーナーの目玉でもあるオウムガイの仲間

館内には、『ベイサイド』、『花さんご』という2つのレストランのほか、ファストフード店やカフェもある。　109

TOURISM

アイドル級の人気ものに会いに行こう！
水族館の人気者 に癒される～♪

2022年6月現在、ジュゴンは日本の水族館ではここにしかいない。伊勢志摩の海に生息するスナメリなど、愛らしい海洋生物たちに会いに行こう！じっと見ているだけで幸せにな気持ちになれる♪

マナティーの尾ビレの形をチェック！
ジュゴンはV字型、マナティーは丸型。泳ぎながらオナラをすることも

微笑むような表情とつぶらな瞳がかわいい
こう見えて、1日に数十キロもの海草（アマモ）を食べています！

BEST 1
ジュゴン
トバスイでは1977年より飼育研究を開始し、現在も長期飼育の世界記録を更新中。生息数が激減し国際保護動物にも指定されるジュゴンをじっくり観察しよう。

ここにいるよ！ **人魚の海 H**

性格はおとなしく音や光にとても敏感
現在水族館にいるのは1987年に友好の印にフィリピンから贈られたメスのセレナ

キュートな魅力満載☆水族館のアイドルたち！

中国語名は"江豚"曲線的なフォルムが魅力
背ビレがなく、背面はなめらかな曲線を描く。背中には感覚器官とされる小突起が密生

天井から光が入ると幻想的に…

もしかして笑ってる！？いつでもシャッターチャンス！
頭が丸く、クチバシがないのが特徴。はにかんだような表情に癒される

BEST 2 人気者
スナメリ
東シナ海のほか、伊勢湾や瀬戸内海沖で見られるイルカの仲間。成長しても全長1.8mほどと小型で、トバスイでは1963年から生態研究を始め世界初の飼育下の繁殖に成功。

ここにいるよ！
伊勢志摩の海・日本の海 E

What is
ジュゴンと マナティーの違い

同じカイギュウ目に分類され、ゾウと同じ祖先といわれているが、尾ビレの形が大きく異なる。また、口の向きや、ジュゴンには牙があるなどの違いもある。

全長3m・体重約400kg ベジタリアンの大食漢！

オスとメスがペアで暮らし、1日のエサは2頭でなんと40kgに！

ヒレを使って水中散策、爪はゾウから進化の名残

前肢をヒレにして水中生活に適応。ジュゴンと異なりヒレが長く肘もある

人気者

BEST 3
アフリカマナティー

アフリカのジャングルに生息し、ジュゴンと同様に人魚伝説のモデルとして知られる。生態の多くは謎に包まれているが、自然界では水草などを食べて暮らしている。

ここにいるよ！ ジャングルワールド **F**

貝を割るのでおなじみ

貝を割るために石などの道具を使うユニークな生態

浮気しない！ 一夫一妻制を厳守

夫婦仲がよく、オスはイクメン。赤ちゃんは生後2カ月ほどで体毛が茶色くなる

CUTE!

人気者

BEST 5
コツメカワウソ

中国南部から東南アジアに広く分布。カワウソの仲間の中でも体が小さく、頭部が平たい。指の感覚が非常に鋭く器用なことで知られる。

ここにいるよ！ 水の回廊（アクアプロムナード）**L**

人気者

BEST 4
ラッコ

保温力に優れた毛皮を持ち、極寒の世界に暮らす生きものの代表格。お腹を上にして水面に浮かびながらエサを食べたり、毛づくろいする姿が愛くるしい。

ここにいるよ！ 極地の海 **I**

━━ まだまだいるよ！水族館のアイドルたち ━━

スナドリネコ
ここにいるよ！ 奇跡の森 **G**

生きた魚を捕まえるフィッシングキャット

イロワケイルカ
ここにいるよ！ 極地の海 **I**

マゼラン海峡に生息する小型のイルカ

ハダカカメガイ（クリオネ）
ここにいるよ！ 極地の海 **I**

翼を動かしながら水中を漂う氷の妖精

カピバラ
ここにいるよ！ ジャングルワールド **F**

南米に生息する世界最大の齧歯類

フンボルトペンギン
ここにいるよ！ 水の回廊（アクアプロムナード）**L**

南米に生息するペンギン。鳥羽水族館では50羽以上を飼育

水の回廊（アクアプロムナード）では、毎日12:00からペンギンの散歩が行われる。 111

鳥羽

TOURISM

佐田浜から定期船で40分!

神の島へ日帰り船旅!

鳥羽の沖に浮かぶ神島は、神が支配する島と信仰されてきた。
半日あれば回れてしまうような小さな島だが、多彩な見どころがある。

風化した 石灰岩が連なる カルスト地形

神島MAP

八代神社● ●神島灯台
白長大明神● ●監的硝跡
●ニワの浜と
カルスト地形

映画「潮騒」の舞台となった 神の支配する島

2時間で島さんぽ

神島港から神島の見どころをぐるりと回るコースは所要約2時間。上り下りがあるので歩きやすい靴で行こう。

鳥羽マリンターミナルから出発

START!

真珠のネックレスを模したモダンなターミナルから、定期船に乗って神島へ。

🚢40分

神島到着！島の時計台へ

定期船を降りたら、住宅街へ。見どころは、富山の置き薬屋さんによる時計台。

🚶15分

八代神社を参拝

長い石段を上り、住宅街の奥にある神社へ。1907年に11社を合祀してきた。

🚶20分

柿島灯台に上る

東部にある灯台は、島内一のビュースポット。恋人の聖地のプレートが設置されている。

🚶20分

監的硝跡を探検

『潮騒』のクライマックスシーンに登場。かつては伊良湖からの大砲の着弾点を監視した。

🚶15分

GOAL!
ニワの浜とカルスト地形

森の中を歩き、島南部の海岸線へ。砂浜のニワの浜からそそり立つ、オブジェのような地形。

1 港の周りに名産のマダコをとるタコ壺が
2 波に削られた岩が独特な景観をつくり出すカルスト地形

伊勢湾に浮かぶ離島

神島
かみしま

鳥羽港の北東約14kmに位置する、周囲3.9kmほどの小さな島。三島由紀夫の小説『潮騒』の舞台となり、映画化されたことから一躍有名に。現在は恋人の聖地としても知られる。

🏠 鳥羽市神島町 ☎0599-25-1157（鳥羽市観光課） ⊗鳥羽マリンターミナルから市営定期船で40分

鳥羽▶離島 ▶MAP 別P.3A-3

フェリー航路

標識目印に島内を歩こう！

112

＼まだある！／
鳥羽の離島

鳥羽市には4つの有人島があり、それぞれの島と本土を市営の定期船が結ぶ。離島巡りは鳥羽の人気観光ルートのひとつだ。

離島の問い合わせ
☎0599-25-1157
（鳥羽市観光課）

上空から見た答志島

島内数カ所に海水浴場がある

鳥羽市最大の島
答志島
とうしじま

鳥羽港から約2.5km離れた、周囲26.3kmの鳥羽市最大の島。答志、答志和具、桃取の3集落があり食事処や宿も多数。周りには無人島が点在。島内を横断する答志島スカイラインは絶景ハイキングコース。

鳥羽・離島 ▶MAP 別P.3B-2

QUICK INFO ☑海女小屋での海鮮料理 ☑海での体験プログラム ☑絶景ハイキング

一面のカキツバタを見に行こう

レトロで情緒ある集落

本土に最も近い離島
坂手島
さかてじま

鳥羽港沖約600mに浮かぶ、周囲3.8kmほどと、有人島の中では一番小さな島。人口は約300人。初夏に咲くアヤメ池のカキツバタが有名。釣りなどのアクティビティのほか、夜には対岸に鳥羽の夜景が見られる。

鳥羽・離島 ▶MAP 別P.3B-2

QUICK INFO ☑アヤメ池のカキツバタ ☑鳥羽市街の夜景ウォッチ

現役最古のレンガ造りの灯台、菅島灯台

美しい海で海水浴も楽しめる

古き良き海女文化が今も残る
菅島
すがしま

鳥羽港から約3km。周囲13kmの島で、標高237mの大山をはじめとする山が連なる。1〜2月の紅ツゲの群生や菅島灯台が見どころ。アジやワカメなどを干す様子が見られ、漁村ならではの情緒があふれる素朴な島。

鳥羽・離島 ▶MAP 別P.3B-3

QUICK INFO ☑紅ツゲの群生 ☑昔ながらの漁村風景 ☑海女の祭典「しろんご祭」

［How to］

離島への船旅

4つの島への定期船は、鳥羽港にある佐田浜（鳥羽マリンターミナル）から出発。「かがやき」「しおさい」「きらめき」の高速船などが島間を結んでいる。

チケットの購入方法

鳥羽マリンターミナルから各島への定期船は、鳥羽市定期船課（☎0599-25-4776）が運航。チケットは鳥羽マリンターミナルの窓口で直接購入できる。当日でも可。

鳥羽
マリンターミナル
とばマリンターミナル

🏠 鳥羽市鳥羽1丁目2383-51 ☎0599-25-4800（マリンターミナル事務所）🚗P佐田浜駐車場利用（有料）

鳥羽駅周辺 ▶MAP 別P.12B-1

周遊券で離島巡り

3つの離島ホッピングができる、4日間乗り放題の周遊券1480円あり。鳥羽（佐田浜・中之郷）から答志島（和具・答志）〜神島〜菅島〜鳥羽と巡るルートがおすすめ。便数が少ないので事前に時刻表をチェック。鳥羽に戻った時点で無効となる。神島往復の料金は周遊券と同じ。購入は鳥羽マリンターミナルの窓口で。

各島間の所要時間の目安と運賃

- 佐田浜（鳥羽マリンターミナル）〜坂手島　所要10分、220円
- 佐田浜（鳥羽マリンターミナル）〜菅島　所要13分、510円
- 佐田浜（鳥羽マリンターミナル）〜答志島（桃取）所要12分、450円
- 佐田浜（鳥羽マリンターミナル）〜答志島（和具・答志）
  所要20分（和具）・所要35分（答志）550円 ※答志島直行便は所要23分
- 佐田浜（鳥羽マリンターミナル）〜神島　所要40分、740円
- 答志島（和具）〜神島　所要20分、510円
- 神島〜菅島　所要25分、510円

🏠 各島には民宿や旅館などの宿泊施設があり、1泊すればより離島の旅情を体感できる。　113

TOURISM

個性派遊覧船で鳥羽湾を回る
脱力クルーズでイルカの島へ

鳥羽湾の群島域を回るお手軽クルーズ。わずか1時間足らずの船旅ながら
楽しみはいろいろ。ハイライトはイルカパフォーマンスが見られるイルカ島！

船は龍宮城と
フラワーマーメイドの
2種類

名勝三ツ島を見ながら
群島域をクルージング

脱力系オブジェに注目
龍宮城は浦島太郎、
フラワーマーメイドは人魚のおもしろオブジェが。
どちらもツッコミどころ満載！

飛び石のように浮かんだ三ツ島周辺を進む龍宮城

玉手箱できた人！

1 船内にいる浦島太郎。
まだ若々しい 2 顔色が悪い乙姫。目も浦島太郎を見て
いない 3 船首に亀に乗った浦島太郎がいる龍宮城

遊覧船でイルカ島へ
鳥羽湾めぐりとイルカ島
とばわんめぐりとイルカじま

遊覧船の龍宮城やフラワー
マーメイドに乗って、1周
50分のクルージングスター
ト。船上からの風光明媚な
景色や、イルカ島ではふれ
あい体験やショーを見学で
きる。

🏠 鳥羽市鳥羽1-2383-51（鳥羽マリンターミ
ナル）☎0599-25-3145（志摩マリンレジャ
ー）🕐季節により変動（公式サイトを要確認）
🈺1月中旬〜2月上旬 💴乗船2000円（イル
カ島入園料込み）🚃JR・近鉄鳥羽駅から徒歩
9分 🅿️P佐田浜駐車場利用（有料）
鳥羽駅周辺 ▶MAP 別P.12B-1

イルカ島で動物のショーに大興奮！
イルカ&アシカショーのほか、イルカタッチなどの体験プログラムも。
スケジュールは公式サイトをチェックして。

1 バンドウイルカによるパフォ
ーマンスショー 2 イルカの泳
ぐフリッパープール

コミカルな遊びが
かわいい
アシカのショー

島内にある展望広場行きの
チェアリフト（往復600円）

ROUTE

鳥羽マリンターミナル

島を観光したあとは、次回以
降の便に乗船。最終便の場
合は入島できない

途中下船可能。ミキモト真
珠島へ徒歩1分、鳥羽水族
館へ徒歩5分

鳥羽マリンターミナル

🚢15分
イルカ島（寄港地）
🚢25分
真珠島・水族館前
🚢10分

ひなた

TOURISM

真珠のすべてがわかる島

ミキモト真珠島でしたいコト4

ミキモト真珠島は、博物館から海女による真珠貝採取の実演、ショップまで揃った
真珠のテーマパーク！憧れの真珠の世界に浸ってみてはいかが？

To Do 01 真珠博物館でお宝ウォッチ

世界初となる養殖成功の軌跡を紹介し、奥深い真珠の魅力を
再発見できる。貴重なアンティーク品の展示を見学でき、専門
スタッフによる解説を聞くことも。

スタッフが真珠養殖の
歴史や人と真珠の関わ
りなどをさまざまな角
度から解説してくれる

真珠の輝きのもととなるアコヤ貝。
貝の種類によりピンク、シルバー、
イエロー、ブルー系の真珠ができる

872個の真珠、188個のダイ
ヤ、700gの18金で作った王
冠、パールクラウンI世

真珠養殖誕生100年を記念して制作された「夢殿」。漆や
貝細工、金工など日本の伝統技術と真珠がコラボ

To Do 02 海女の実演に大興奮！

真珠島内の海女スタンドで潜水作業の実演を見学。
日中は1時間ごとに海女が海へ潜り、アコヤ貝を採
取していた当時の様子を再現する（天候により変更
あり）。シャッターチャンスをお見逃しなく！

とった どー

一年中観覧できる海女の実演

To Do 03 パワスポも！島内をおさんぽ

島内は一部を除き自由に散策可能。
記念館のほか、縁結びのご利益のあ
る玉の宮がある。貝に願いを書き投
げ入れると願いが叶うという願いの
井戸も必訪。

山高帽が
トレードマークの
御木本幸吉像

真珠王こと御木本
幸吉の記念館

To Do 04 パールプラザでお買い物

真珠博物館隣りのパールプラザでは、
高品質なパールジュエリーや島内限定
のオリジナル商品を販売。真珠研究か
ら誕生したミキモトコスメティックスの
アイテムはおみやげにも喜ばれる。

パールプラザ内に
ある

1 素早くなじむハンドトリートメント
1650円（50ｇ）2 3つのオリジナル真
珠関連成分を配合したエッセンスマス
クLX9900円（6枚入り）

真珠の養殖に成功した

ミキモト真珠島
ミキモトしんじゅしま

真珠王こと御木本幸吉が真珠の養殖に成功した島。島
内には真珠博物館や記念館、パールプラザなどがあるほ
か、パワースポットも点在する。

🏠 鳥羽市鳥羽1-7-1
☎0599-25-2028 🕘9：
00～17：00（季節により
変動あり）🚫無休（12
月第2火曜から3日間休
館）💴入館 1650円
🚃JR・近鉄鳥羽駅から徒
歩5分 🚗P有料120台

鳥羽駅周辺
▶MAP 別P.12B-2

本土とはパールブリッジで結ばれ
ている

🌺 御木本幸吉像そばの縁石には、ラブラブの石と呼ばれるハート形の奇石がある。見つけると良縁を授かれるかも!?　　115

EAT
SHOPPING
PLAY

TOURISM

女神様は全女性の味方です！
石神さんで願いを1つ叶える

海の神様である玉依姫命を主祭神とする石神さんに願いを叶えてもらおう。
願い事を聞いてもらえるのは女性だけ。女性だけが特別なパワーを得られる場所なのだ。

石神さんにお願いして
力を貸してもらおう！

奉納 慈母 石神
奉 慈母 石神
草川〆
司丁 正敏

主祭神

玉依姫命
（たまよりひめのみこと）
初代桓武天皇の母。海
の女神でもあり、女性
の願いを叶えてくれる。

女性に大人気の細社

神明神社（石神さん）
しんめいじんじゃ（いしがみさん）

石神さんの愛称で親しまれている神社。「女性
の願いを1つ叶えてくれる」といわれており、女
性の参拝客が多い。なお、石神さんは境内社の
ひとつで、本殿は神明神社。

🏠 鳥羽市相差町1385　☎0599-33-7453（相差海
女文化資料館）　🕐参拝自由　🚉JR・近鉄鳥羽駅
から車で25分　🅿相差海女文化資料館ほか、
3カ所利用75台　相差周辺　▶MAP 別P.13F-2

⌐ How to ¬
石神さんへの
お願い方法

石神さんがあるのは、神明
神社本殿の脇。女性が並
んでいることもしばしば。

先に本殿でお参りを！
↓

ピンク色の願い用紙にお願い
事を1つ書いて名前を記入
↓

参拝所へ。賽銭箱の両脇にあ
るのが願い事を入れる箱
↓

願い用紙を持ったまま鈴を鳴
らしてから、願い箱に用紙を
入れる
↓

二礼二拍手して、石神さんに
願いを伝える。最後に一礼

116

神明神社の境内を巡る

境内には、石神さん以外にもさまざまなパワースポットが。海女の町、相差ならではの授与品も。

まずは本殿へお参り

そのまま石神さんにお参りするのではなく、まずは神明神社の本殿へ。主祭神の天照大御神に日頃無事に過ごせることの感謝を伝えよう。

緑に囲まれた境内

鳥居をくぐり手水舎へ

にぎやかな参道を通り、鳥居をくぐって境内へ。境内社を右に見ながら進むと、石神さんのそばで手水舎がある。お清めをしよう。

竹から手水が流れている

本殿は天照大御神を主祭神としている

ご神体は楠の古木

長寿の館で健康を祈る

本殿の奥にある「長寿の館」へ。ご神木である楠の枯れ木を守るために建てられた社で、健康・長寿のパワースポットとなっている。

石神さんへお参り

お次はいよいよ石神さんへ。左ページのお願い方法に従ってお参りを。そばに同じく境内社の三吉稲荷大明神がある。

並んでいるときは静かに順番を待とう

授与所で授与品を拝受

最後は授与所に立ち寄って、授与品をいただこう。人気はドーマン・セーマンのお守りや「叶う」ご朱印帳など。恋みくじ&海女みくじもある。

授与品はここで

ドーマン・セーマンとは?
海女さんの海の魔除け。星形のセーマンはひと筆書きで無事に戻る、格子状のドーマンは魔物が入るのを防ぐという意味がある

1 出会いを求めるなら、石神さんの恋みくじをぜひ 2「叶」の文字が書かれたオリジナルご朱印帳 3 ドーマン・セーマン付きのお守り

What is

鳥羽の三女神

石神さんと合わせて、女神を祀る神社を鳥羽三女神と呼んでいる。石神さん以外は宮司さんが在住していないが、お参りすることは可能。

鳥羽三女神 お願いごと代理受付所
JR・近鉄鳥羽駅そばの複合施設、鳥羽1番街内には三女神へのお願い代理受付所がある。お願い用紙が置かれており、各神社に届けてくれる。
鳥羽駅周辺 ▶MAP 別P.12B-2

縁結びの神様
伊射波神社(加布良古さん)
いさわじんじゃ(かぶらこさん)

加布良古崎にあり、古くから地元の人の信仰を集めてきた神社。稚日女尊ほか3柱を祀る。

🏠 鳥羽市安楽島町844-4(駐車場) ☎0599-25-4354 🕐参拝自由 🚗JR・近鉄鳥羽駅から車で15分、駐車場から徒歩30分 🅿あり
鳥羽駅周辺 ▶MAP 別P.3B-2

安産の神
彦瀧大明神(彦瀧さん)
ひこたきだいみょうじん(ひこたきさん)

深い森の中を流れる清流に注連縄がかけられており、御神体は白蛇。

🏠 鳥羽市河内町 ☎0599-25-2844(鳥羽市観光案内所) 🕐参拝自由 🚗JR・近鉄鳥羽駅から車で20分 🅿周辺Pあり
鳥羽駅周辺 ▶MAP 別P.13D-1

EAT

食べて、踊って海女を学ぶ！
伝統の海女小屋で海鮮BBQ

鳥羽と志摩には今も海女文化が残っている。海女さんとのBBQはスペシャルな体験！話を聞き、博物館を訪れ、海女文化について学んでみては。

海女さんが炉を起こし、食べ頃に焼いてくれる！

もうすぐ焼けるよ〜

食べて知る
海女小屋は、海女さんが漁の合間に過ごす小屋。現役の海女さんが炉で魚介を焼いて提供する海女小屋体験は、この地方ならでは。

海女小屋料理体験
1人 4500円
（写真は2人分）

満席の日もあるので、早めの予約がおすすめ。アワビや伊勢エビ付きのプランもある

歌と踊りでおもてなし！

来てもみやんせ相差浦へ〜

オプションでアワビや刺身もプラス！！

相差音頭に合わせて伝統の踊りを披露

2人前の食事の内容。タイの刺身とアワビはオプション

伝統の海女小屋で海鮮ランチ
海女小屋はちまんかまど
あまごやはちまんかまど

全国で最も多くの海女が活躍する鳥羽・相差地区にあり、伝統的な磯着に身を包んだ海女さんたちがお出迎え。話を聞きながら、サザエや大アサリなどとれたての海の幸を味わえる。

🏠 鳥羽市相差町819　☎0599-33-1023　🕐11:45〜、13:15〜、14:45〜（所要約1時間15分、2日前までに要予約）　🈺不定休　🚃JR・近鉄鳥羽駅から車で25分（予約で無料送迎バスあり）　🅿P30台

相差周辺　▶MAP 別P.13F-2

似合ってるよ〜

希望者は海女さんの磯着で記念撮影できる（有料）

食べて、見て、伝統の海女漁を体験してください！

┌ What is ┐
鳥羽の海女さん

海女とは、素潜りで貝などをとる漁師。鳥羽と志摩には、今も約660人の海女がいる。

海女の歴史

海女の始まりは3000年も前へ。明治期には多くの海女がいて、朝鮮半島にまで出稼ぎに行ったという。今はウエットスーツを着て潜るが、漁のスタイルはあまり変わらない。

海女の道具
海女さんが漁に使う道具の数々。日々進化しているが、昔ながらのものも多い。

磯メガネ
かつては2眼だったが、現在は1眼で鼻までかぶるタイプ

磯樽・磯桶
とったものを入れたり、つかまって休むためにも使用する

カギノミ
サザエやウニがとりやすいよう先が曲がっている道具

海女の資料館へ
相差海女文化資料館
おうさつあまぶんかしりょうかん

海女さんの多い相差地区の案内所に併設された資料館で海女さんの道具やパネルを展示。

🏠 鳥羽市相差1238 ☎0599-33-7453 🕘9:00～17:00 🏖無休 💴入館無料 🚃JR・近鉄鳥羽駅から車で25分 🚗P14台

相差周辺
▶MAP 別 P.13F-2

必見！

館内にずらり並ぶ 圧巻の船！

収蔵庫船の棟

約80隻の木造船を収蔵。船大工が使用していた道具や材質について なども展示。先人の知恵を知ることができる。

見て知る
鳥羽市立の博物館には2つの展示棟と船の収蔵庫があり、海女漁を中心とする三重の漁業を紹介している。

海と人がテーマの博物館
鳥羽市立海の博物館
とばしりつうみのはくぶつかん

漁師や海女、木造船など漁業と地域の歴史に関する約6万点の民俗資料を収蔵。海辺での自然体験や魚食体験など、子どもから大人まで楽しめる各種ワークショップも開催する。

🏠 鳥羽市浦村町大吉1731-68 ☎0599-32-6006 🕘9:00～17:00(船の収蔵庫は～16:00。12～2月は～16:30。入館は30分前まで) 🏖無休(6・12月に休みあり) 💴入館料 800円 🚃JR・近鉄鳥羽駅から車で20分 🚗P50台

パールロード ▶MAP 別P.13F-1

必見！

海の体験メニュー

季節により、海に関するさまざまな体験プログラムを開催。巻貝を使った染め体験、貝紫染めなどクラフト体験も。時期や曜日によりメニューが変更するので、詳しくは要問い合わせ。

必見！

志摩の海女（展示B棟）

展示B棟では、伊勢湾の漁についてジオラマでわかりやすく紹介している。なかでも志摩の海女さんについての展示は必見。

建物は建築家・内藤廣氏の設計。自然風景を取り入れた"新しい時代の博物館建築"として注目されている

神様も海産物が大好き！

必見！

漁について （展示A棟）

展示A棟では、海への信仰や祭り、志摩半島から伊勢神宮へ奉納されるお供え物、海の環境問題など幅広い展示が見られる。

館内のカフェで ひと休み

併設の「カフェあらみ」には地元の海藻を使った自家製スイーツのほか、シラスやあおさのパスタなど海の幸メニューが揃う。名物のところてんは黒みつ味、ポン酢味がある。

海女さんが採取した天草で作るところてん各400円

🐾 海女が潜水するのは、平均50秒。深さは5～8mにもなり、限られた時間で一気に貝をとる。

EAT

やっぱり超☆新鮮
ゴージャス海鮮丼を味わう

鳥羽の海の恵みをいっぺんに味わうなら海鮮丼がおすすめ！
色とりどりの魚介がご飯を覆い尽くす海鮮丼は、まさに海鮮の玉手箱。

鮮度No.1はここ！
漁協直営食堂の海鮮丼

鳥羽の地魚海鮮丼 2200円 Ⓐ

地魚を堪能できるどんぶり。いろいろな種類の魚介類を一度に堪能できる。

取材日の刺身

●タコ	●コショウダイ
●スズキ	●マゴチ
●クルマエビ	●ワラサ
●ヒラメ	●マグロ
●シラス	
●イクラ	約 **10** 種類！

卵の黄身が引き立てる
地元魚介の旨みを実感

刺身の分厚さNo.1はここ！
サイドメニューで大満足！

WOW!

さらに＋
サバ煮付、小鉢、あら汁

海鮮むつみ丼 2200円 Ⓑ

地魚中心に、カニやホタテ入り。卵をつぶし、まろやかで濃厚な特製ダレをかけて食べよう。

取材日の刺身

●ネギトロ	●カニ	●シラス
●ホタテ	●イカ	●地ダコ
●カンパチ	●マグロ	●タイ
●ウニ	計 **10** 種類！	

海鮮丼定食
2090円 Ⓓ

5種類の刺身がのった海鮮丼に、煮付や小鉢などが付く。すべて地魚を使っている。

取材日の刺身

●カツオ	●タイ
●カンパチ	●ネギトロ
●イカ	計 **5** 種類！

豪快さと彩りNo.1！跳ねるクルマエビにご用心

海鮮丼 1950円 **C**

ご飯の上に、ざく切り刺身がてんこ盛り。地魚刺身の中に、黄金の殻付きウニがキラリ☆

取材日の刺身
- クルマエビ
- イカ
- サーモン
- タイ
- カツオ
- タイ
- カンパチ
- 平目
- ウニ

計**9**種類！

超豪華！アワビ丸々一本勝負

アワビ丼 2700円 **C**

特厚アワビの刺身を、ご飯の上にオン！1品だけでも超デラックス。肝も一緒に食べよう。

取材日の刺身　●アワビ　計**1**種類！

丼を覆う魚介に思わず目が点

取材日の刺身
● クルマエビ	● ネギトロ	● イクラ
● 甘エビ	● ホタテ	● ウニ
● ボタンエビ	● ブリ	● トビッコ
● シラス	● タイ	● めかぶ
● イカ	● サーモン	
● 中トロ	● カニ爪	

計**16**種類！

プレミアム海鮮丼 2980円 **E**

1日20食限定のプレミアムどんぶり。宝石箱みたいなどんぶりは、SNS映えも抜群だ。

取材日の刺身
● クルマエビ	● ブリ
● ボタンエビ	● イカ
● タイ	● ウニ
● マグロ	● イクラ
● サーモン	● シラス
● めかぶ	● ネギトロ

計**12**種類！

ロケーションNo.1！海を目の前に味わえる

てんこもり海鮮丼 1980円 **E**

地魚に加えてボタンエビ、イクラ、ウニまでのって2000円アンダー。

漁師直営の食堂

A 鳥羽磯部漁協直営 魚々味

とばいそべぎょきょうちょくえい ととみ

漁協から直送された新鮮な魚介を、丼、刺身、焼き魚など豊富なメニューで提供。和食の技が生きたどんぶりに、思わず脱帽。

⌂ 鳥羽市堅神町833 ☎0599-21-1522 ⏰11:00〜15:00（平日は〜14:00）㊡火曜 🚃JR・近鉄鳥羽駅から車で5分 🚗P40台

鳥羽駅周辺 ▶MAP 別 P.3B-2

地元で愛される小料理屋

B お食事処 むつみ

おしょくじどころ むつみ

行列ができる人気店。海鮮丼のほか、定食や一品料理までメニューは豊富。伊勢エビや松阪牛などの豪華食材も提供可能。

⌂ 鳥羽市安楽島町386-4 ☎0599-25-4700 ⏰11:00〜13:30LO、17:00〜19:30LO ㊡水曜 🚃JR・近鉄鳥羽駅から車で7分 🚗P10台

鳥羽駅周辺 ▶MAP 別 P.13D-1

豪快な海女料理をどうぞ

C 海女小屋 鳥羽 はまなみ

あまごや とば はまなみ

創業40年以上の海女さん食堂。メニューには貝焼きやどんぶりなど海女料理がずらり。海女小屋をイメージした店内は古き良き昭和の雰囲気。

⌂ 鳥羽市鳥羽1-6-18 ☎0599-26-5396 ⏰11:00〜16:00（土・日曜・祝日は〜20:00）㊡木曜 🚃JR・近鉄鳥羽駅から徒歩3分 🚗P5台

鳥羽駅周辺 ▶MAP 別 P.12B-2

地元の魚を使った創作料理

D 漁師めし みなと食堂

りょうしめし みなとしょくどう

漁師出身の大将が腕を振るう。魚はほとんど三重県産で、海を知り尽くした大将が選ぶだけに鮮度抜群。夜は居酒屋メニューが増える。

⌂ 鳥羽市安楽島町1434-5 ☎0599-25-7173 ⏰11:00〜14:30LO、17:00〜21:30LO ㊡水曜 🚃JR・近鉄鳥羽駅から車で6分 🚗P15台

鳥羽駅周辺 ▶MAP 別 P.13D-1

人気のドライブイン食堂

E 黒潮ダイニング

くろしおダイニング

パールロードにある海の駅 黒潮内の食事処。目の前に海が広がるテラスで食事ができる。海産物加工品を扱うショップを併設している。

⌂ 鳥羽市浦村町7-1 ☎0599-32-5352 ⏰8:00〜17:00 ㊡無休 🚃JR・近鉄鳥羽駅から車で12分 🚗P40台

鳥羽駅周辺 ▶MAP 別 P.13E-1

🍥 魚々味のどんぶりに付いてくるあら汁は、魚介の旨みが詰まって絶品。これだけでも足を運ぶ価値あり。

鳥羽

夏と冬、季節で変わる
ブランド牡蠣を味わい尽くす

太平洋沿岸の複雑に入り組んだ湾は、カキ養殖の好適地。カキはシーズンによりとれる種類が異なる。夏なら最高級の岩ガキ、冬はリーズナブルな真ガキが食べ放題に！

夏ガキ
4月下旬〜8月上旬

トップオブブランド
あだこ岩がきのシーズン

あだこの岩がきとは、的矢湾に面した畔蛸町で養殖されている岩ガキ（夏ガキ）。普通のカキとはひと味違う濃厚な味わいで、生で食べるのがおすすめ。

☑ Check！
生産者マークの付いたブランド牡蠣。三重ブランド認定品

大ぶりの身をつるっと生でいただく！

あだこ岩がき1個800円〜。普通のカキとは違う、濃厚な味わい

🦪 ココで食べられる！

季節の旬の魚介を海の眺めとともに

海女大漁料理 秀丸
あまたいりょうりょうり ひでまる

鳥羽駅直結の鳥羽1番街にあり、伊勢エビやアワビなどの高級食材をリーズナブルに味わえる。夏場はあだこ岩がき、10〜4月には答志島産のカキ「桃こまち」もお目見え。

🏠 鳥羽市鳥羽1-2383-13 鳥羽1番街3F ☎0599-26-2089 ⏰10:00〜17:30（季節により異なる）㊡木曜不定休（祝日の場合は営業、GW、夏休み期間中は営業）🚃JR・近鉄鳥羽駅から徒歩2分 🅿P市営佐田浜駐車場利用（1時間無料）

鳥羽駅周辺 ▶MAP 別P.12B-2

あだこ岩ガキを食べたいときは、事前に予約してくださいね

磯桶定食（小）
1680円

ぶ厚いマグロ、ウニ、サザエ、エビ、大アサリなどの盛り合わせ

テーブルのほか小上がり席もある

What is

伊勢志摩のブランド牡蠣

鳥羽・志摩エリアのカキの産地は、主に4カ所。なかでも有名なのが、生浦湾の浦村と、鳥羽と志摩ちょうど中間にある的矢湾。的矢湾では養殖場によりブランド名が違い、鳥羽の畔蛸町で養殖されるのがあだこ岩がき、志摩が的矢かきと呼ばれる。最近では答志島の桃こまちや安楽島かきも人気がある。

カキの種類

岩ガキ
- あだこ岩がき
- 的矢かき

真ガキ
- 浦村かき
- 桃こまち
- 安楽島かき

♪♪

冬ガキ
11月〜4月

パールロードのカキ小屋で **浦村カキ** 食べ放題！ ♪

パールロードのある生浦湾東岸は真ガキの産地で知られる。カキの養殖場が集まる浦村地区は牡蠣横丁と呼ばれ、シーズン中のみカキ小屋がオープン。

甘みと旨みの浦村かきは焼きガキが最高！

☑ **Check！**
食べ放題のカキは焼きガキ用なので、しっかりと焼いて食べよう

海上焼き牡蠣食べ放題3300円（要予約）。80分の入れ替え制で、時間内なら追加でいくつ頼んでもOK！

焼きガキのほかカキフライ丼かカキフライ定食、カキ味噌汁なども付いてくる

最初にひと盛り用意されるが、時間内なら追加でいくつ食べてもOK！

🍴 ココで食べられる！

養殖地そばのカキ小屋

丸善水産
まるぜんすいさん

パールロードにあるカキ小屋のひとつ。鳥羽湾に浮かぶ屋形で海を眺めながら、焼きや揚げなどカキ三昧を満喫できる。アツアツの焼きガキはジューシーで旨さもひとしお。

🏠 鳥羽市浦村町1229-67
☎ 0599-32-5808 ⏰11〜5月
GW の 11:00 〜、12:40 〜（土・日曜・祝日は 10:50 〜、12:30 〜、14:10 〜）、※要予約 休期間中無休 🚃JR・近鉄鳥羽駅から車で20分 🚗P20台
パールロード
▶ MAP 別P.13E-1

🦪 パールロードのカキ小屋では、焼きガキのほかにカキ飯や佃煮などのサービスが付く。　123

いいね！がいっぱいもらえる
ジェニックスイーツをUP！

撮ってすぐにSNSにアップしたくなるかわいいビジュアル系のスイーツたち。
ロケーションも魅力なカフェで癒しのひとときを。

作り方！

カスタードとパイ入りのかき氷に自家製のシロップを

上からミルクエスプーマをたっぷりと！

イチゴのかき氷 950円

#エスプーマミルク
#ふんわりふわふわ！
#うさぎかき氷

ジェニックかき氷で話題
Ciao
チャオ

エスプーマでふんわり包んだかき氷が話題。シロップやソースは自家製で、季節によりイチゴのシロップ、柿のシロップ、紅芋ソースなど、常時種5類ほどのかき氷がある。

🏠 鳥羽市安楽島町 194-10　☎0599-26-7007　🕐10:00～17:00LO　休火曜、10・11月は不定休　🚃JR・近鉄鳥羽駅から車で8分　🅿P共同10台
鳥羽駅周辺　▶MAP 別 P.13E-1

これもオススメ！

かわいいオブジェがそこかしこに

メープルシロップのクリームをサンドしたメープルサンド 220円

スイーツのみのとばーがー「お菓子なバーガー」510円

寺田さんちの小屋のカフェ
てらこやCafe
てらこやカフェ

民家の一角を改装したカフェ。アンティーク調に統一されたオブジェが散らばる店内は、まるでおもちゃ箱！奥にイートインスペースがあるほか、もちろんテイクアウトもOK。

🏠 鳥羽市船津町 580　☎0599-25-1513　🕐11:00～17:30LO　休日～水曜　🚃JR・近鉄鳥羽駅から車で8分　🅿P3台
鳥羽駅周辺　▶MAP 別 P.13D-1

1 アンティーク風のグッズに囲まれた個性派空間　2 グリーンに囲まれた庭も Good

#カップで食べるお手軽パフェ
#内装がキュート！

バナナと塩のパフェ700円（左）、季節限定の秋色のパフェ1000円（右）

ふわふわシフォンケーキが名物

& BAKE
アンド ベイク

看板商品は、大人も子ども大好きなシフォンケーキ。カウンターのケーキから1種類を選んでトッピングをオーダーする、選べるシフォンプレートが人気。

🏠 鳥羽市安楽島町 329-175 ☎050-3550-0108 ⏰10:00〜16:00LO ㊡日・月曜、不定休 ㊋JR・近鉄鳥羽駅から車で8分 🚗P7台 鳥羽駅周辺 ▶MAP 別 P.13D-1

1看板メニューのシフォンケーキは常時10種類以上。選べるシフォンプレートは700円。写真は伊勢茶味。コーヒーは440円 2まるで南国リゾートのよう

#宝石みたいな季節のパフェ
#カラフルな壁
#フォトジェニックNo.1

季節のデザートを使ったパフェはすべて時期限定。シャインマスカットのパフェ1400円と木いちごのソーダ500円

#森の小人が食べてそう
#カップの中が森

森のパフェ600円。中身はクリームチーズ、生クリーム、新茶白玉、ほうじ茶&抹茶アイスなど

聖なる森の中の静かなカフェ

白瀧モリノチャヤ
しらたきモリノチャヤ

カフェがあるのは、砂利道を下った先の突き当たり。周囲を森に囲まれ、脇には小川が流れるロケーションは、森カフェとして完璧。スイーツのほか手作りランチもおすすめ。

🏠 鳥羽市船津町 635-3(2023年1月閉店。3月移転オープン予定) ☎080-8976-9515 ⏰11:00〜16:00 ㊡日・月曜(7〜9月は日曜営業) ㊋JR・近鉄鳥羽駅から車で10分 🚗P10台 鳥羽駅周辺 ▶MAP 別 P.13D-1

1ハンドドリップで入れるこだわりのコーヒーは400円 2窓から森が眺められる

邸宅を改装した落ち着ける店

欧風洋菓子喫茶LOBO
おうふうようがしきっさロボ

鳥羽名物のシェル・レーヌで知られるブランカがプロデュース。ホテルで腕を磨いたシェフが作るビーフシチューやシーフードグラタンが人気。ケーキはショーケースから選べる。

🏠 鳥羽市安楽島町 1331-22 ☎0599-25-2772 ⏰11:30〜16:30LO ㊡火・水曜 ㊋JR・近鉄鳥羽駅から車で5分 🚗P10台 鳥羽駅周辺 ▶MAP 別 P.3B-2

1ビーフシチューセット1900円はじっくり煮込んだビーフシチューに2種類のパン、ケーキ、デザート付きで大満足 2洋風の邸宅を改装した店内は優雅な雰囲気

#手作り本格ケーキ
#隠れ家的レストラン

濃厚なチョコレートケーキのインゴット500円が人気

SHOPPING

海産物からお守り、スイーツまで
鳥羽のおみやげを指名買い

鳥羽で買うべきおみやげをロックオン。ターゲットは3つ！
特産品なら鳥羽マルシェ、海女グッズは五左屋、地元スイーツはブランカ本店へ。

TARGET 1 特産品

絶対おいしい、フード＆ドリンク系のおみやげ。おうち時間を鳥羽の味で豊かに。

手作りジャム
苺／梅／八朔／トマト
各600円
伊勢志摩のフルーツや野菜を使ったオリジナル商品。季節限定も多い

海藻醸造酢
メカブ酢／アカモク酢
各1404円
海藻から作る健康酢。旨みが強く、ドレッシングとして使うのもおすすめ

大内山牛乳
コーヒー／牛乳／フルーツ 各105円
三重県人はこれを飲んで育つ。レトロなパッケージがかわいい

かなりマイルド

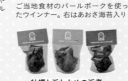
伊勢志摩パールポーク
あらびきウインナー 各430円
ご当地食材のパールポークを使ったウインナー。右はあおさ海苔入り

牡蠣と浜わかめの浜煮
プレーン／ピリ辛 各750円
オイルスター 860円
安楽島産カキとワカメの煮物。中央はカキのオイル漬け。季節限定品

マルシェカレー
650円
地元加茂牛を使ったオリジナルカレー。中辛で子どもでも食べられる

鳥羽の名産が勢揃い！
鳥羽マルシェ
とばマルシェ

生鮮食品から加工品まで、鳥羽の特産品ならなんでも揃う。鳥羽食材満載の料理が味わえるレストランやテイクアウトフードも人気。JR・近鉄鳥羽駅やマリンターミナルからすぐ。

🏠 鳥羽市鳥羽1-2383-42 ☎0599-21-1080
🕙10:00～18:00（レストランは11:00～14:00）
㊡水曜 JR・近鉄鳥羽駅から徒歩2分 🅿
佐田浜駐車場利用（1時間無料）
鳥羽駅周辺 ▶MAP 別 P.12B-2

ほのかにいい香りよ

TARGET 2 海女グッズ

海女のお守り、ドーマン・セーマンのグッズは、海女の町こと相差みやげの定番。魔除けにもなる雑貨をどうぞ。

海女の石いかり
1575円
昔の海女さんのオモリをモチーフにした香りの石いかり

海女ガレット
350円
プレーンと味噌味のめかぶ入りガレット

どーまん・せーまん叶え香
942円
魔除けのおまじないを込めた白檀の香り漂う線香

何枚あってもうれしい
どーまん・せーまん・はんかち
400円
海女さんの魔除けをプリントしたハンカチ

TARGET 3 地元スイーツ

地場産の食材を使ったシェル・レーヌは、昔から愛される鳥羽のソウルフード。しっとりとして優しい味。

まろやかなバター風味

シェル・レーヌミニ
プレーン
10個入り680円
本店のみで販売のプレーンのミニサイズセット

シェル・レーヌ
伊勢茶 194円
プレーン 183円
あおさ味 194円
外はサクッ、中はしっとり。アコヤ貝の形がかわいい

海女さんグッズならここ
海女の家 五左屋
あまのいえ ござや

海女さんの家だった建物を利用したショップ＆休憩所。海女さんの魔除けドーマン・セーマンのオリジナルグッズが揃う。神明神社（石神さん）の参道の途中にある。

🏠 鳥羽市相差町神明神社参道1406 ☎0599-33-6770
🕙9:00～17:00 ㊡無休 🚗
JR・近鉄鳥羽駅から車で25分
🅿海女文化資料館利用
相差周辺 ▶MAP 別 P.13F-2

鳥羽の名物スイーツ
ブランカ本店
ブランカほんてん

鳥羽のローカル菓子店で、鳥羽産卵や三重県産小麦で作る洋菓子、シェル・レーヌは鳥羽スイーツの代表格。プレーンはパールシェルカルシウム入り。

🏠 鳥羽市鳥羽3-15-3 ☎0599-25-5999 🕙10:00～18:00 ㊡火曜 JR・近鉄鳥羽駅から徒歩10分 🅿P8台
鳥羽駅周辺 ▶MAP 別 P.12B-3

鳥羽マルシェには、とれたての鮮魚を販売するコーナーがある。頼めばさばいてもらえる（有料）。

志摩
SHIMA

周辺スポットからの
アクセス

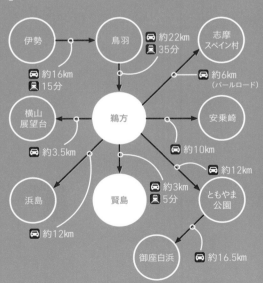

伊勢 → 鳥羽 🚌 約22km
🚃 35分

🚌 約16km
🚃 15分

志摩
スペイン村

🚗 約6km
（パールロード）

横山
展望台 ← 鵜方 → 安乗崎

🚗 約3.5km

🚗 約10km

🚗 約12km

浜島 賢島 🚗 約3km
🚃 5分

ともやま
公園

🚗 約12km

御座白浜 🚗 約16.5km

英虞湾が魅せる風光明媚な町

志摩早わかり！

志摩半島の南部に位置する。太平洋に突き出した安乗崎や大王崎、中央にはリアス海岸の美しい的矢湾と英虞湾が広がる。絶景スポットやテーマパークが見どころで、リゾートホテルが多いのも特徴。英虞湾で育つ新鮮な海の幸も味わえる。

志摩を巡る3つのコツ

マイカーorレンタカーで巡るのがお約束！

近鉄志摩線が賢島まで運行しているが、各駅から離れた見どころが多いので、マイカーかレンタカーで行くのがベスト。伊勢や鳥羽で借りるか、鵜方駅で借りて電車との併用も可能。

船の運航時間や見どころの時間に注意！

賢島エスパーニャクルーズやあご湾定期船の運航時間をチェックして観光のスケジュールを立てよう。閉館時間が早い見どころもある。展望スポットは夕日の時間を調べて、余裕をもって巡ろう。

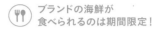
ブランドの海鮮が食べられるのは期間限定！

ブランドの海鮮を味わうなら禁漁期間に行くのは避けよう。三重ブランドの伊勢エビは産卵期の5〜9月（離島部は9月15日）、アワビは9月15日〜12月31日が禁漁期間になる。

志摩ドライブ王道コース

所要 約11時間 志摩の雄大な自然＆テーマパークで遊ぶ。ビュースポットを巡るドライブコース！

START 9:00
近鉄鵜方駅前

9:00
横山展望台天空のカフェテラスで絶景＆朝ごはん
→P.130

大パノラマが広がる横山展望台

10:30
英虞湾を優雅にクルーズ
→P.133

12:00
海近カフェでランチタイム
→P.144

Cafe Entrada

14:00
英虞湾でカヤック体験
→P.134

英虞湾をカヤックで巡る

18:00
ともやま公園から英虞湾の夕日を望む →P.140

ともやま公園の夕日にうっとり

GOAL
近鉄鵜方駅前

志摩の交通ガイド

● 近鉄志摩線

鳥羽から賢島までの約26kmを結ぶ近鉄志摩線。特急は名古屋や大阪難波から賢島まで直行している。「しまかぜ」（→P.152）も運行している。

- -

● バス

近鉄鵜方駅前や志摩磯部駅近くの磯部バスセンターから、各方面へのバスが運行している。本数が少ない場合もあるので事前に時刻表をチェックしておこう。

- -

● あご湾定期船

英虞湾に位置する離島を結ぶ定期船。賢島と間崎島、和具、御座、浜島間を運航していて、賢島から御座白浜海岸へ船で行くことも。

志摩の観光と交通の起点

1 鵜方駅周辺
うがたえきしゅうへん

近鉄鵜方駅前からは御座白浜や志摩スペイン村など各地へのバスが出ている。周辺には飲食店も充実。横山展望台へはバスがないので車かタクシーでアクセスしよう。

志摩の拠点となる鵜方駅

横山天空カフェテラス(横山展望台) →P.130
伊雑宮 →P.138
天の岩戸 →P.139

サミットで知名度アップ!

2 賢島周辺
かしこじましゅうへん

周囲7.3kmの英虞湾に浮かぶ最大の有人島。賢島駅から賢島橋と賢島大橋の2本の橋で結ばれている。豪華なリゾートホテルが点在し、英虞湾クルーズの拠点となる。

英虞湾を巡る
賢島エスパーニャクルーズ

賢島エスパーニャクルーズ →P.133
西山慕情ヶ丘 →P.141

シンボルは四角い灯台

3 安乗崎周辺
あのりさきしゅうへん

南は太平洋、北は的矢湾に突き出した安乗崎。珍しい四角形の灯台が立っており、上部からは大海原を見下ろせる。あのりふぐの名産地で10月上旬〜3月上旬に味わうことができる。

洋式の安乗埼灯台

安乗埼灯台 →P.131

カキと真珠を堪能!

4 的矢湾周辺
まとやわんしゅうへん

鳥羽市の菅崎と安乗崎から始まる、細長いリアス海岸の湾。カキや真珠の養殖が盛んで、的矢かきなどが味わえる美食宿が点在。的矢湾大橋で湾を渡ることができる。

赤いアーチが特徴の
的矢湾大橋

志摩スペイン村 →P.132
的矢湾大橋 →P.26

伊雑宮、天の岩戸、鳥羽へ
穴川駅
167
志摩横山駅
128
鵜方駅
鳥羽へ
志摩神明駅
賢島駅
17
260
0 1km
N

英虞湾と太平洋の美しさが凝縮

5 大王町周辺
だいおうちょうしゅうへん

東は大王崎、西は英虞湾に突き出しともやま公園まで東西にまたがるエリア。東の大王埼灯台からは朝日が、西のともやま公園からは英虞湾に沈む夕日が望める。

夕日スポットの
ともやま公園

ともやま公園 →P.140
大王埼灯台 →P.141

志摩最南端の半島

6 志摩町周辺
しまちょうしゅうへん

太平洋と英虞湾に挟まれた長い半島。志摩大橋を渡り、小さな漁村を通って御座へと進む。御座には白浜と遠浅の御座白浜海水浴場があり、夏になると海水浴客でにぎわう。

白浜のビーチが美しい
御座白浜海水浴場

御座白浜海水浴場 →P.131

伊勢エビの町

7 浜島町周辺
はまじまちょうしゅうへん

浜島町は海を挟んだ御座岬と英虞湾の湾口にあたる。標高203mの横山の山頂は浜島町だが、横山展望台は鵜方となる。伊勢エビの町としても有名で、伊勢えび祭も開催。

地中海のリゾート施設、
志摩地中海村

志摩地中海村 →P.133
びん玉ロード →P.131

TOURISM

ベストタイムで行くべき時間がわかる

ベストオブ海絶景を決める!

志摩の海を望む絶景スポット。展望台に灯台、海水浴場に海沿いの道まで
それぞれ違った美しさ。自分なりのベストを探してみるのも。

標高140mの展望デッキから
英虞湾と大小約60の島々を一望

WATCH!
雲みたいな島々
入り組んだ地形を一望でき、変化する海の青と島の緑のコントラストが絶景

★ BEST TIME ★

11:00〜14:00

太陽がほぼ真上にある昼間はシャッターチャンスがいっぱい! 朝焼けや焼けも美しい。

WATCH!
英虞湾に突き出すような展望デッキ
デッキは広々として混み合わず、眼下に広がる絶景を独り占めできる

絶景だね!

WOW!

ENTRY 01

パノラマビュー広がる天空展望台
横山天空カフェテラス
(横山展望台)
よこやまてんくうカフェテラス
(よこやまてんぼうだい)

標高203mの横山中腹にある。カフェ「ミラドール志摩」にはご当地スイーツもあり、絶景とおいしさに疲れも吹き飛ぶ! 創造の森駐車場から15分ほどのハイキングで行くこともできる。

🏠 志摩市阿児町鵜方875-20 ☎0599-44-0567
(横山ビジターセンター) ⏰9:00〜16:30(展望台は見学自由) 🈚無休 🈯見学無料 🚗近鉄鵜方駅から車で10分 🅿P100台
鵜方駅周辺 ▶MAP 別 P.14C-2

駐車場から展望台へ
デッキの上を3分ほど歩く。途中からすでに絶景!

展望台 展望台到着。まずはここで記念撮影をしよう

カフェへ 展望デッキに併設。2階建てで、どちらにも席がある

(おすすめメニュー)

志摩のあおさ豚使用の横山天空サンド
各400円
500円
伊勢の宮川天然水を使ったビネガードリンク。味はぶどう&ベリーと白桃

ENTRY 02

WATCH!
迫力のある切り立った岩壁
太平洋の壮観な景色が広がり、晴れた日には富士山を望むことも

四角形をした展望灯台
安乗埼灯台
あのりさきとうだい

航海の道標として、1681年に徳川幕府が建てた燈明堂が始まり。1873年に洋式灯台となり、現在は白亜の灯台と空や海の対比が美しい。日本の灯台50選のひとつ。

⌂ 志摩市阿児町安乗794-1 ☎0599-47-5622
🕐9:00〜16:00 (3〜10月の土・日曜は〜16:30)
🈺無休 (荒天時は休み) 💴入場300円 🚃近鉄
鵜方駅から車で20分 🅿️スペースあり
安乗埼周辺 ▶MAP 別P.15F-1

★ BEST TIME ★
午後

灯台は東を向いているため、午前中に海を撮影しようとすると逆光に。午後がおすすめ。

ENTRY 03

眺めるだけで癒される
御座白浜海水浴場
ござしらはまかいすいよくじょう

御座岬へと続くビーチはゆるやかな弧を描き、海水の透明度はエリアNo.1との呼び声も。遠浅で波も穏やかなため夏場は多くの観光客でにぎわう。

⌂ 志摩市志摩町御座 ☎0599-88-3018(御座白浜海水浴場監視所)
🕐散策自由(遊泳期間は7〜8月)
🚃近鉄鵜方駅から車で40分 🅿️
有料460台 ▶MAP 別P.14B-3
志摩町周辺

 WATCH!
南国のような透明度
白い砂浜とキレイな海が広がり、日本にいることを忘れてしまいそう♪

★ BEST TIME ★
夏の昼間

太陽の光が強い夏は特に海がきれい。海水浴シーズンもこの期間。美しい夕日も見られる。

ENTRY 04

海沿いに続くロマンティックロード
びん玉ロード
びんだまロード

浜島旅館街エリアの海岸沿い約1kmにわたり、かつて真珠養殖や漁の浮きに使われていたびん玉をオブジェとしてディスプレイ。湯上がりに浴衣で夕涼みするのもオススメ。

⌂ 志摩市浜島町浜島
☎0599-46-0570(志摩市観光協会) 🕐散策自由 🚃近鉄鵜方駅から車で30分 🅿️なし
浜島町周辺
▶MAP 別P.14B-2

★ BEST TIME ★
日没〜23:00

日没後はびん玉が灯としして海岸沿いの歩道を照らし、より幻想的な雰囲気に包まれる。

 WATCH!
ハート形のびん玉ウォール
2020年2月、通り沿いにハート形のモニュメントが登場。ぜひ探してみて!

横山展望台の周辺には、散策路が設けられている。展望台への途中には横山ビジターセンターもある。 131

TOURISM

志摩

テーマパーク＆クルーズで
憧れの地中海へTrip

志摩を代表するリゾート＆クルーズ船で、地中海へお気軽トリップ☆
スペイン村と地中海村は、カラフルな建物がSNS映えすると話題沸騰中！

wow!

志摩スペイン村でしたい5のコト

異国情緒あふれる複合リゾート施設でバカンス気分を満喫

絵になる背景をバックに記念撮影を

to Do 01 スペインの町並みでとにかく映えを！

白と青のコントラストが映えるサンタクルス通りや、花のウォールアートを施したカルメン通りなど園内は絵になる風景ばかり。お気に入りを見つけて記念撮影を楽しんで。

📷 公式Instagramで映え写真公開中！

志摩スペイン村の公式Instagramでは、園内で撮影した"映える"写真を公開中！公式サイトではおすすめの撮影スポットを紹介している。

to Do 02 アトラクションではじける！

スリル満点の絶叫系からファミリー向けまで、バラエティ豊かなアトラクションも魅力。全天候型の屋内施設は天気の悪い日の心強い味方。

岩山を駆け抜けるジェットコースター「グランモンセラー」

吊り下げ式ジェットコースター「ピレネー」

to Do 03 スペイングルメを堪能する

美食の国・スペイン生まれの本格料理を味わえるレストランが勢揃い。伊勢志摩産の旬の魚介を使ったパエリャやアヒージョも見逃せない。

本格的なスペイン料理が味わえる「アルハンブラ」の看板メニュー、伊勢志摩海老パエリャセット1人4200円（注文は2人分〜）

to Do 04 ホテルで優雅なリゾート気分♡

南スペインの情緒あふれるリゾートホテル。四季折々に彩られる中庭やスペインの工芸品に囲まれてリラックスできる。

to Do 05 温泉でリラックス

敷地内には伊勢志摩温泉「ひまわりの湯」が。全面ガラス張りの大浴場や露天風呂があり、夕日を眺めて爽快な湯浴みを楽しめる。

心が弾む感動体験
志摩スペイン村
しまスペインむら

スペインの町並みを再現し、テーマパークやホテル、温泉を併せ持つリゾート施設。年間を通じてさまざまなエンターテインメントを催し、季節ごとのイベントも多数。

🏠 志摩市磯部町坂崎　☎0599-57-3333　⏰9:30〜17:00（曜日、季節により異なる。GW、夏休みはナイター営業あり）　㊡無休（夏季と冬季にメンテナンス休業あり）　💴パスポート5400円（65歳以上3600円）　🚃近鉄鵜方駅から車で13分（直通バスあり）　🅿P有料4200台（1300円）
的矢湾周辺　▶MAP 別P.15D-1

写真映えばっちりな中庭

営業は9:00〜23:00で、入浴料は1200円

カラフルタイルが映え度100%！

とっておきのリゾートステイを満喫

志摩地中海村
しまちちゅうかいむら

目に飛び込んでくるのは英虞湾の絶景と、ギリシャやスペインの島々を彷彿とさせる洒落た景色。広大な敷地にホテルや天然温泉、レストランなどを完備し、日帰り利用も可。

🏠 志摩市浜島町迫子2619-1 ☎0599-52-1226 🕙10:00～17:00（日帰入村可能時間）㊡不定休 ㊎入場700円 🚉近鉄鵜方駅から車で15分 🚗P160台
浜島町周辺 ▶MAP 別P.14C-2

入口のゲートを入ると噴水が迎えてくれる。モザイクのタイルがきれい！

そこかしこにフォトジェニックなスポットが

新しく増築されたミコノルカゾーン

to Do list
- □ SNS映えする写真を撮る
- □ 地中海料理ランチ＆カフェ
- □ 英虞湾の絶景を楽しむ

特別な日に訪れたい

地場食材を使った新バスク料理を楽しめる Rias by Kokotxa

遊覧船に乗って英虞湾クルーズ

リアス海岸の絶景を進む

賢島エスパーニャクルーズ
かしこじまエスパーニャクルーズ

遊覧船に乗って所要約50分の英虞湾クルーズへ。展望デッキから大小60の島々が浮かぶ美しい風景を眺め、真珠モデル工場ではアコヤ貝への核入れ作業の実演を見学する。

🏠 志摩市阿児町神明（賢島）☎0599-43-1023 🕙9:30～15:30 ㊡無休（定期検査の運休あり。公式サイトを要確認）㊎乗船1700円 🚉近鉄賢島駅からすぐ 🚗P10台
賢島周辺 ▶MAP 別P.15D-2

リアス海岸の英虞湾をゆっくり進むエスペランサ

to Do list
- □ デッキから英虞湾を一望
- □ 真珠モデル工場に立ち寄り

潮風が気持ちい～♪
島の間を縫うように航行していく

デッキには大航海時代の船員が！

こうやって作るんだ～
真珠の核入れを間近で見られるチャンス

志摩スペイン村と志摩地中海村にはそれぞれホテルがあり、どちらも海外リゾートさながらのゴージャスな造り。　133

リアス海岸の美しい海で遊ぶ！

英虞湾でウォーターアクティビティに挑戦！

WOW!

入り組んだ海岸を持ち、穏やかな英虞湾では、さまざまなウォーターアクティビティが楽しめる。手ぶらで30分からチャレンジできるツアーも多いので、気軽に申し込んでみて！

進め〜♪

海を見ながらのんびりパドリング
無人島で磯遊びも楽しめちゃう！

＞ What is ＜
英虞湾
あごわん

志摩半島の南部にある湾で、外洋から深くえぐれたリアス海岸。湾内には60もの島々が浮かぶ。真珠養殖で知られ、昭和初期には「真珠湾」とも呼ばれていた。

ここで体験できます！

NICE

自然と遊ぶプランがいろいろ
志摩自然学校
しましぜんがっこう

ともやま公園内にオフィスを構えるアクティビティ会社。英虞湾を舞台にしたツアーを多数催行している。ツアーはすべて前日17:00までに要予約で、荒天時は中止となる。

🏠 志摩市大王町波切2199（ともやま公園内）
☎ 0599-72-1733
🕘 9:00〜17:00　㊡不定休
🚃 近鉄鵜方駅から車で25分
🅿 P100台

大王町周辺 ▶ MAP 別 P.15D-3

SUP パドルボート

大型のサーフボードに乗って、パドルで進むハワイ生まれのアクティビティ。うまく操作するにはバランス感覚が重要。正式名称はスタンドアップパドルボード（SUP）という。

夏限定！大人気のアクティビティ

カヤックやスノーケリングとのセットツアーもある

ツアーinfo

催行	毎日10:00〜、14:00〜
所要時間	1時間30分
料金	5500円

＜小学生以上＞＜2名から＞＜7〜9月＞

美しい海を行く大人気のツアー

How to

カヤックツアーの流れ

濡れてもいい服と運動靴、帽子、タオル、着替え、飲み物は必須。冬は防寒具も用意しよう。

STEP 01

オフィスに集合して受け付け。パドルやライフジャケットは貸してもらえる

STEP 02

英虞湾へ移動、ガイドからカヤックの基本的な操作を学ぶ

STEP 03

いよいよ英虞湾へ！ 基本、2人乗りのカヤックを使用する

STEP 04

無人島に上陸し休憩タイム。再びカヤックに乗り、出発地点まで戻って終了

シーカヤック

波がほとんどない英虞湾では、初心者でも安心してシーカヤックが楽しめる。ツアーは1.5時間と3時間の2種類があり、途中湾内の無人島に上陸する（天候により変更もあり）。

ツアーinfo

カヤック1.5時間
`催行` 毎日10:00〜、13:30〜、15:00〜
`所要時間` 1時間30分
`料金` 4500円

カヤック3時間
`催行` 毎日9:00〜、13:30〜
`所要時間` 3時間　`料金` 6500円
＜3歳以上＞＜2名から＞＜通年＞

外国ぎぇ!

10〜11月にはサンセットカヤック1.5時間も催行（大人5000円）している

カヤックの舞台、英虞湾上空からの眺め

シーカヤックは、18kg以下の中型犬との同乗が可能。ペット同伴の際の注意点は公式サイトなどで要確認。　135

志摩

TOURISM

アートや新スポットで♪ 見て食べて五感を満たす

現代美術館でアートに触れたら、話題のVISONへ。
アート、グルメ、ショッピングと楽しみ満載のスポットだ。

- art spot -
現代アート

絵画・彫刻などインタラクティブな展示で現代アートに触れられる。ほとんどが企画展なので、何度行っても楽しい。

購入できる作品も！

SNS映えしそうな個性的な空間にも注目

自然に囲まれた美術館で現代アートを愛でる

本館の2階展示室。取材時（2020年10月）は絵画の都芸妹展を開催

見て触れて現代アートを楽しむ
伊勢現代美術館
いせげんだいびじゅつかん

五ヶ所湾を望むロケーション。本館と別館、2つの建物と庭園からなる美術館で現代アートにふれられる。自然とアートが融合した静かで心安らぐ空間だ。

⌂ 南伊勢町五ヶ所浦湾場102-8 ☎0599-66-1138 ⏰10:00～16:30（入館は閉館の30分前まで）⏳火・水曜 ㊅入館700円 🚃JR・近鉄伊勢市駅から車で30分 🚗P8台

南伊勢町 ▶MAP 別P.2E-1

館内案内 見学場所は本館と別館の2カ所。時間に余裕をもって訪れよう。

1F 受付の後ろが展示室。取材時は鈴木幸永の絵画とインスタレーションの展覧会を開催

2F 2階展示室。若手作家の展覧会を多数開催している

中庭 五ヶ所湾を望むガーデン。ユニークな彫刻やオブジェが点在

別館へ

庭園 別館へは徒歩1分ほど。彫刻庭園では石彫などの作品を常設展示

《 カフェ＆ショップもチェック！ 》

一点ものの作品から雑貨まで、さまざまなアイテムを販売。海を望むカフェ（→P.145）もある

3400円

2250円～

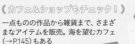
ユニークなフォルムのマグ

真珠貝で作られたMade in 伊勢志摩のネックレス

志摩エリア外
多気町

伊勢や志摩からもアクセス便利な
日本最大級の複合施設「VISON」
ヴィソン

art spot
アトリエ ヴィソン
アトリエ ヴィソンには
KATACHI museum と
KATACHI museum shop、
陶芸工房を併設したGallery
泛白 uhaku などがある。

KATACHI museum
陶芸家・造形作家の内田鋼一
氏がプロデュースする「食」
をテーマにしたミュージアム

食にまつわるさまざまな
道具を展示している

・館内案内・　VISONの由来は美しい村＝美村から。ホテル
やヴィラなど6つの宿泊施設もある。

わくわく

サンセバスチャン通り
バル、和菓子店、プリン専門店、
カフェ、ライフスタイルショッ
プなどがあるメインストリート

和 ヴィソン
味噌、醤油、みりん、
だしといった和食の
味を支える専門店や、
うなぎ、寿司、そばな
ど和食店が集まる

マルシェ ヴィソン
ミシュランガイドパリー つ
星シェフの手島竜司氏監
修の産直市場、地域の生
産者が気軽に出店できる
「軽トラマルシェ」など

マルシェ ヴィソンにある
覚王山フルーツ大福 弁才天

食、買物、体験、アートが集結
VISON
ヴィソン

豊かな自然に囲まれた広大な敷地は
9つのエリアに分かれホテル、農園、
テーマごとのグルメスポットなど約
70店舗が集まる。ミュージアムも あ
り、五感を使ってフルに楽しめる。

🏠 多気町ヴィソン672-1　☎0598-39-
3190　営休施設により異なる　交内宮
前からバスで25分、バス停VISON下
車。車は伊勢道多気ヴィソンスマート
IC直結(上り線、出口のみ)。または紀
勢道勢和多気ICからすぐ　🅿P2000
台(1時間200円　※施設利用で割引
あり)　多気町　▶MAP 別P.3A-1

CUTE

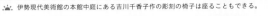

TOURISM

伊勢神宮創設の伝説が残る
志摩の聖地を巡礼する

見学所要時間
約20分

天照大御神を祀る遙宮
伊雑宮
いざわのみや

内宮の別宮。内宮と離れていることから、遙宮として崇拝されてきた。海の守り神、五穀豊穣の神としても知られている。境内に巨木が立ち、深い森に覆われ神聖な空気が漂う。

🏠 志摩市磯部町上之郷374 ☎0596-24-1111（神宮司庁） ⏰1〜4・9月は5:00〜18:00、5〜8月は〜19:00、10〜12月は〜15:00 🈳無休 💴参拝自由 🚃近鉄上之郷駅から徒歩3分 🅿P30台

鵜方駅周辺 ▶MAP 別P.14C-1

聖地

緑の中に佇む
天照大御神の遙宮

神明造の社殿がひっそりと佇む

2つの聖地を回る

2つの聖地を回るには、レンタカーが便利だが、バスで回ることも可能。

伊雑宮

おみた館

鳥居をくぐって参道へ

伊雑宮があるのは、古い町並みが残る磯部町上之郷地区。近鉄上之郷駅からも徒歩3分ほど。周辺を散策しながら行くのもおすすめ。

➡

伊雑宮の境内に到着

境内へと入ったら、まずは手水舎でお清め。その後は作法に従ってお宮に参拝しよう。伊雑宮の主祭神は天照大御神御魂。

➡

社殿周辺を歩く

参拝後は、境内を散歩してみよう。推定樹齢700年とされる楠の巨木は圧倒的。その独特の形から"巾着楠"と呼ばれている。

徒歩5分

➡

御田の前を通りバス停へ

伊雑宮を出て、神宮所有の御田へ。毎年6月24日にはここで伊雑宮御田植式が行われる。日本三大御田植祭のひとつ。

内宮の主祭神・天照大御神にまつわる2つの聖地を回ろう。参拝者はそれほど多くないため、穴場スポットでもある。ひっそりとして神秘的な雰囲気に浸れる。

［ What is ］
天照大御神の遙宮（とおのみや）

遙宮とは、伊勢神宮の別宮の中でも伊勢以外の地にあるお宮のこと。14ある別宮の中で、遙宮と呼ばれるのは伊雑宮と大紀町の瀧原宮のみ。どちらも天照大御神の御魂をお祀りしている。

聖地

湧水が流れ出る"聖なる洞窟"

見学所要時間
約90分

天照大御神の伝説が残る
天の岩戸
あまのいわと

天照大御神が隠れたとされる洞窟。洞窟からは湧き水が流れ、境内で禊滝となって川へと流れ込む。周辺は天の岩戸神社となっており、参拝もできる。

🏠 志摩市磯部町恵利原 ☎0599-46-0570（志摩市観光協会） ⏰見学自由 🚃近鉄鵜方駅から車で20分、駐車場から徒歩10分。バスの場合はバス停天の岩戸口から徒歩20分 🅿P20台

鵜方駅周辺 ▶MAP 別P.3C-1

洞窟から流れる水は名水百選になっている

天の岩戸へ 200m→

| 天の岩戸 | | | 風穴 |

車で10分

鳥居をくぐって参道へ

駐車場から天の岩戸（恵利原の水穴）までは徒歩約10分。途中の道はしっかりと舗装されており、なだらかで歩きやすい。

修行者を迎える禊滝

天の岩戸神社の境内に着く直前にあるのが、天の岩戸の湧き水からできた禊滝。ここで滝行をする修行者もいるそう。

山道を歩いてさらに奥

境内でお参りしたら、さらに先にある風穴へと行ってみよう。未舗装の山道となるので、スニーカーなど歩きやすい靴を用意しよう。

徒歩20分

風穴でパワーをもらう

山道を進むと、20分ほどで目的地となる風穴へと到着する。険しい岩壁にできた自然の風穴で、注連縄で飾られている。

🌾 伊雑宮御田植式は磯部の御神田と呼ばれ、無形民俗文化財に指定されている。平安期の衣装を身につけ、田植えにまつわる行事が行われる。

TOURISM

一生の思い出になる美しさ！
朝日＆夕日の超絶景!!

海に囲まれた志摩には多くの朝日＆夕日スポットがある。
決定的瞬間をカメラに収めるためのポイント＆テクも合わせてチェック。

海岸線をシルエットに英虞湾がオレンジに染まる

撮影ポイント
いくつもの展望台があるが、最もおすすめなのが桐垣展望台。日没の1時間前にはスタンバイして、移ろう景色を楽しみたい。

＼煌めく水面は幻想的な美しさ／

英虞湾に突き出した自然公園
夕日
ともやま公園
ともやまこうえん

三方を英虞湾に囲まれ、美しいリアス海岸や無人島を見渡せる。園内にはキャンプ場やテニスコート、夕日を望む桐垣展望台があり、さまざまな野外エコプログラムも実施中。

🦪 志摩市大王町波切2199　☎0599-72-4636　⏰入園自由　🚃近鉄鵜方駅から車で25分　🅿P200台
大王町周辺 ▶MAP 別 P.15D-3

👀 **園内20分散歩で展望台へ**

そして…

芝生広場
志摩自然学校そばの駐車場に車を停めて、芝生広場を歩こう

芝生広場展望台
広場を横切った先には展望台が。こちらからも絶景が望める

遊歩道
展望台を後にしたら、遊歩道を歩いて桐垣展望台へと行こう

＼日中の澄んだ海景色も必見！／

When is

志摩の日の出＆日没タイム

思い出に残る夕日＆朝日を見るために、
夜明けと日没時間は必ずチェックしよう。

1月	6:58	16:53	7月	4:44	19:08
2月	6:50	17:21	8月	5:03	18:54
3月	6:21	17:48	9月	5:26	18:19
4月	5:39	18:13	10月	5:47	17:37
5月	5:02	18:36	11月	6:12	16:59
6月	4:41	18:59	12月	6:40	16:42

※毎月1日時点の目安時間

いつまでも眺めていたい
茜色の夕焼け空が慕情を誘う

看板を辿って
行こう！

日本の夕日百選のひとつ
西山慕情ヶ丘
にしやまぼじょうがおか

夕日

曲がりくねった小道を辿り、日本有数
の夕日スポットへ。丘の上から見ると
英虞湾に点在する島々と無数の真珠
筏、対岸の賢島に浮かぶ建物のシル
エットの織りなす景色が絵になる。

🏠 志摩市阿児町立神 ☎ 0599-46-
0570（志摩市観光協会） ⏰見学自由
🚃近鉄鵜方駅から車で20分 🚗5台

賢島周辺 ▶ MAP 別 P.15D-2

撮影ポイント

展望ポイントは1カ所の
み。看板と一緒に撮影す
るときは、逆光で顔が真っ
暗にならないよう強制フ
ラッシュ設定を忘れずに。

帰りは道が真っ暗になるので、注意して

高さ22.5mの灯台。1978年に改修され現
在の姿となった

絶景ビュー

撮影ポイント

灯台の下よりも、崖を挟ん
だ八幡さん公園から撮影
するのがおすすめ。灯台
からは徒歩3分ほど。絵
描きの像が目印。

心洗われる日の出の風景と
パノラマビュー

断崖絶壁に立つ白亜の灯台
大王埼灯台
だいおうさきとうだい

朝日

荒波が寄せる海の難所に昭和2（1927）
年に建てられた灯台。その後、内部を
見学できる参観灯台に改修。大王町
の町並みと太平洋の絶景を見下ろす
展望スペースがある。

🏠 志摩市大王町波切54 ☎ 0599-72-
1899 ⏰9:00〜16:00（3〜10月の土・
日曜は〜16:30、荒天時は閉館） 🈳無
休 💰参観寄付300円 🚃近鉄鵜方駅
から車で20分 🚗なし

大王町周辺 ▶ MAP 別 P.15F-3

横には灯台の構造や歴
史について学べるミュ
ージアムがある

大王埼灯台のある大王町は、漁師の町。灯台の周りは住宅街なので、朝日を見に行くときはくれぐれも喧がないように。

EAT

海鮮丼からブランド魚介まで!
新鮮魚介を制覇する

いくつもの入江をもつ海に囲まれた志摩は、海産物の宝庫!
伊勢エビからカキ、ふぐにアワビまで、食べられるシーズンを狙って行こう。

海鮮丼

シーズン:通年
(伊勢エビは10〜4月)
マグロやカツオ、ブリといった回遊
魚から根付きの魚まで、一年を通じ
て海産物に恵まれる。浜島町では
毎年6月に伊勢エビ祭りを開催。

山盛り!

旬の魚介がてんこ盛り!
特大海鮮丼に釘付け!

漁港直送の新鮮魚介
網元の店 八代
あみもとのみせ やしろ

浜島漁港直送の魚介を吟味し、網元
ならではのご当地価格で提供。専用
の生け簀があり、名物の伊勢エビは
活きたまま豪快に調理する。お造りや
焼き物、丼などお好みでいただこう。

🏠 志摩市浜島町1776-4 ☎0599-53-
0606 🕚11:00〜14:00LO、17:00〜
20:00LO 🈺水曜 🚗近鉄鵜方駅か
ら車で30分 🅿P2台
浜島町周辺 ▶MAP 別P.14B-2

特上大漁丼2200円(夜は2750円)。10
種類以上の魚介が並び、厚切りで新鮮!

伊勢エビ大漁丼3300円。
伊勢エビの頭の部分は割っ
て味噌汁にしてもらえる

的矢かき

シーズン:10〜3月

志摩のブランド牡蠣といえば、的矢湾で養殖
される的矢かきが有名。大粒で身入りがよく、
濃厚な甘みとクリーミーな味わいが特徴。

三重ブランド認定!
的矢かきを食べるならココ

老舗宿の名物食堂
いかだ荘 山上
いかだそう さんじょう

60年以上にわたって愛される料理旅館。伊勢
志摩の海の幸を中心に、11〜3月のシーズン
中には的矢かき尽くしの豪華フルコースもお
目見え。食事のみの利用も可。

🏠 志摩市磯部町的矢883-12 ☎0599-57-20
35 🕚11:00〜13:00、17:30〜19:00 🈺不
定休 🚗近鉄鵜方駅から車で20分 🅿P40台
的矢湾周辺 ▶MAP 別P.15E-1

的矢かき料理Bコース6600円。
生ガキ3個、焼きガキ2個、カキ
ご飯、カキ蕎麦、カキフライ、鍋
もの、カキ味噌汁など

サクッ!

カキフライも絶品!

専門店で食べるコスパ最高のふぐコース！

ふぐ三昧

♪♫ ♪ ♫

唐揚げは酒の肴にぴったり！

あのりふぐ御前3300円。てっさ、てっぴ（ふぐ皮）、唐揚げ、土瓶蒸し、ふぐ飯、香の物の6品。1名〜注文可

冬に食べたいふぐ土瓶蒸しも！

あのりふぐ

シーズン：10〜3月

安乗崎周辺の沿岸地域で漁獲される天然トラフグのうち、700g以上のみがあのりふぐに認定され、志摩市内の認定店で供される。

活〆した鮮度抜群のトラフグをさばいて調理してくれる

あのりふぐの専門店
あのりふぐ料理 まるせい
あのりふぐりょうり まるせい

10〜3月限定で開店するあのりふぐ問屋の直営店。直営価格と鮮度が自慢で、てっさやタタキ、焼き白子など単品のほか、てっさ、てっぴ、唐揚げとてっちりの付いたコース5500円〜もオススメ。

🏠 志摩市阿児町安乗178-3　☎0599-47-0128　🕐10〜3月の11:00〜14:00LO、17:00〜20:00LO　㊡期間中火曜（祝日の場合は営業、翌日休）　🚃近鉄鵜方駅から車で20分　🅿P20台

安乗崎周辺 ▶MAP 別P.15F-1

貝焼き

シーズン：通年

志摩を代表する貝類といえば、アワビやサザエなど。旬はあるものの一年を通して食べられる。ホタテのような二枚貝は、ヒオウギ貝。

アワビと伊勢エビは予約時に注文を

種類豊富な貝焼きに感激！
海女小屋体験施設 さとうみ庵
あまごやたいけんしせつ さとうみあん

海女小屋を再現した店内で、会話を楽しみ食べる海の幸は味わい深い。サザエやヒオウギ貝などのほか、季節により追加でアワビや伊勢エビも注文可能。所要1時間（要予約）。

🏠 志摩市志摩町越賀2279　☎0599-85-1212　🕐11:00〜20:30（最終入店は19:00、前日12:00までに要予約）　㊡無休　🚃近鉄鵜方駅から車で30分　🅿P50台

志摩町周辺 ▶MAP 別P.14C-3

たんと召し上がれ♪

現役の海女さんによる豪快な貝焼きをぜひ♪

ジュワ〜

基本コースは1人3850円（3名〜）＋アワビ1個5500円＋伊勢エビ1尾5500円。焼き物のほかにひじきの釜飯なども

🔎 さとうみ庵には再現した海女小屋に、海女漁に使う道具を展示する海女資料館を併設。　143

EAT

スイーツも、ロケーションもGood☆
海の見えるカフェでチル

志摩でひと息つきたくなったら、海が見えるカフェで決まり！
各店自慢のスイーツやドリンクを味わいながら、のんびりチルタイム。

カフェ前の堤防は海を望む特等席！

＜Best Seat＞
堤防
店の目の前にある堤防は、天然のテラス＆カウンター席！英虞湾のクルーズ船も行き交う

バゲットをテイクアウトして、ひと休み

あんこを絞って作るあんこのフラワーサンド500円。まるで芸術品のような精巧さ

バゲットサンド専門店
Cafe Entrada
カフェ エントラーダ

看板メニューは、伊勢志摩の食材を使ったバゲットサンド。店内にイートインスペースもあるが、テイクアウトして海を眺めながら食べるのがおすすめ。

🏠 志摩市阿児町神明752-21 ☎080-4217-1237 🕚11:00〜16:00 ㊡月〜水曜 🚃近鉄賢島駅から徒歩1分 🚗P賢島観光駐車場利用
賢島周辺 ▶MAP 別 P.15D-2

地元食材を使ったバゲットサンドがずらり

美肌効果もあるという、あおさ豚の生ハムとくるみクリームチーズのサンド650円と南伊勢町 土実樹みかんのカラフルソーダ550円

狭い路地の一角に店がある

Entrada賢島
餅ち店＆CAFE

160

Best Seat
テラス
海を目の前に望むテラス。ハンモックやブランコも設けられており、開放感抜群！

ハンモックでゆっくり過ごすことも

静かな入江を望みながらカラフルなソーダはいかが？

内装はアメリカンな雰囲気

ロケーション抜群のサーファーズカフェ

Cafe Jack
カフェ ジャック

伊雑ノ浦を望む静かな入江に佇む一軒家カフェ。カラフルなクリームソーダのほか、ジャックカレー1200円、オムライスやパスタ各1000円やケーキセット1000円もある。13歳以上入店可。

🏠 志摩市磯部町穴川1365-10 伊勢サンクチュアリRVリゾート ☎090-8964-3174 ⏰10:00〜18:30（土・日曜は8:00〜）🈺火〜木曜 🚃近鉄鵜方駅から車で15分 🚗P20台
鵜方駅周辺 MAP 別P.15D-1

クリームソーダは10種類以上あり各600円

ウッドデッキの先にフロートデッキも！

ゲストハウス併設のカフェ

SHEVRON CAFE
シェブロン カフェ

安乗埼に向かう途中から脇道に入った高台に立つ。開放感のある店内にはサーフィンのロングボードが置かれ、木目調のほっと落ち着ける雰囲気。ランチでの利用もおすすめ。

🏠 志摩市阿児町国府3517-16 ☎0599-47-4747 ⏰11:00〜21:00 🈺火曜 🚃近鉄鵜方駅から車で15分 🚗P15台
安乗崎周辺 ▶MAP 別P.15E-1

店内には窓が多く、天然光が降り注ぐ

チョコレートとオレオクリームのパンケーキ890円。パンケーキが何層にも。プラス200円でドリンク付きのセットに

NICE

Best Seat
テラス
カフェの外にあるテラス席から海が見られる。ここならペット同伴可能

テラス席に座ってスイーツを楽しんで

外国のカフェを思わせる丘の上の一軒家

敷地内にはゲストハウスやショップもある

アートと自然に囲まれる美術館併設の個性派カフェ

白ベースのアートな店内

Best Seat
窓際席
店内のどこからでも海が見られるが、ベストは窓際。アート鑑賞後はコーヒータイムを

テラス席もある！

アートとスイーツを楽しむ

伊勢現代美術館カフェ
いせげんだいびじゅつかんかふぇ

現代美術館内にあるミュージアムカフェは店内からのどかな五ヶ所湾を一望できる。ガーデンにはアーティストの手による彫刻が配され、おしゃれ度はピカイチ。

🏠 南伊勢町五ヶ所浦湾場102-8 ☎0599-66-1138 ⏰10:00〜16:30 🈺火・水曜 🚃JR・近鉄伊勢市駅から車で30分 🚗P8台
南伊勢町 ▶MAP 別P.2E-1

店内のそこかしこにアートを感じる

チョコレートケーキ（右）とチーズケーキ（左）。どちらも450円

STAY

国内2軒目のアマン
アマネムでとっておきステイ

あのアマンが日本で2番目に選んだロケーションは、伊勢志摩だった。
アマンとしては世界初となる温泉とスパで、とことん癒しの宿泊体験をしよう。

全室で天然温泉が楽しめる
究極のおこもりリゾートを満喫

⌚ 15:00
チェックイン
非日常への入口は、ウェルカムパビリオン。車を預けて客室へと案内される。

ルームキーやホテルのファシリティの各所に三重の伝統工芸である組子が

⌚ 16:00
温泉
スパ棟にある温泉プール・サーマル・スプリングへ。温度が異なる2つの温泉で代謝を促し、リフレッシュ。

⌚ 17:00
スパで マッサージ
オリジナルメニューが人気のスパへ。日々の疲れを解きほぐそう。

⌚ 19:00
ディナー
総料理長こだわりの日本料理を。松阪牛や伊勢エビなどを使った贅沢なメニューもある。

⌚ 翌日 8:00
朝食
朝食は和洋両方を揃えている。食後は部屋の温泉などでくつろいで、チェックアウト。

> **What is**
>
> ### アマン
>
> 1988年にプーケットで最初のアマンが誕生。自然が美しい秘境にあるラグジュアリーリゾートを展開している。アマンジャンキーなとという言葉があるほど、世界中で愛されている。

モダンな和建築リゾート
アマネム

英虞湾を見下ろす高台に立つリゾート。建物は伊勢神宮にインスピレーションを受けたもので、内部はモダン。

🏠 志摩市浜島町迫子2165
☎ 0599-52-5000　⊗近鉄賢
島駅から車で15分　🚗 Pあり
志摩・浜島町周辺
▶ MAP 別 P.14C-2

料金 スイート13万9150円〜、
ヴィラ46万8050円〜
IN 15:00　OUT 12:00

▶ 客室はスイートとヴィラの２種類

Guest Room

24室のスイートと８棟のヴィラがある。全室にプライベートの温泉とガーデンを備え、眺めによりランクが変わる。ベッドルームを２つ備える贅沢なヴィラもある。

室内アメニティは檜が香る自然由来のもの

1客室デザインは日本家屋にインスパイア。垣根がプライベート感を演出している 2全室に天然温泉付き 3モダンなデザインの客室。天井が高く、リラックスできる

▶ サーマル・スプリングを備えたスパ棟

Spa Area

2000㎡もの面積を誇るアマン・スパ。屋外温浴施設、サーマル・スプリングを囲むフロアに４つの施術室がある。

1ガーデンに面し、各種マッサージが受けられる 2マッサージ内容により使うオイルが異なる 3最初にカウンセリングをし、セラピストと相談してメニューを決めよう

▶ 英虞湾を見下ろす高台に立つ

Dining Area

窓側の席では、英虞湾を眺めながら食事ができる。インフィニティプールや視線が英虞湾と同じ高さになるよう設計されたサンクンテラスを併設している。

1英虞湾を見晴らすサンクンテラス。座ると目線が地面と揃うように 2メインダイニングルーム 3旬の食材をふんだんに使った創作料理を味わえる

STAY

ステイもグルメもダブルで楽しむ！
美食宿で至福のディナー

フ レ ン チ

フランス料理をベースにした
伊勢志摩の自然の恵みをいただく

レストランで有名な「ひらまつ」が手がける
THE HIRAMATSU HOTELS & RESORTS 賢島
ザ・ヒラマツ ホテルズ & リゾーツ かしこじま

英虞湾に佇むスモールラグジュアリーホテル。ここでしか味わえない料理が自慢。客室は本棟と別棟に分かれており、別棟はすべて温泉付き。スパや貸切温泉風呂も完備。

🏠 志摩市阿児町鵜方3618-52 ☎0599-65-7001 ⊗近鉄賢島駅から車で7分 🅿Pあり
志摩・賢島周辺
▶MAP 別 P.14C-2

料金 本棟2食付き2名1室6万3650円〜（1名の料金。サービス料込み） IN 15:00 OUT 11:00

海を眺められるディナー用個室もある

Dinner Point
伊勢志摩の自然を舌で堪能

世界に誇れる伊勢志摩の食材を生かし、フランス料理をベースにした自由な発想のメニューを提供する。

[メニュー例]
- 松阪牛のグリエと原木しいたけ リコッタチーズと赤からし菜のサラダ仕立て
- 伊勢海老の炭火焼きアメリケーヌソースと手打ちパスタ

ビジター利用 ✕

1温泉風呂が付いた別棟エグゼティブ ツイン・ダブル　2全8室の小さなホテル

日帰り利用もウェルカム！
美食の隠れ家 プロヴァンス
びしょくのかくれが プロヴァンス

地元の海と山の幸を贅沢に使い、素材の味を引き出したメニューを提供。自家源泉「伊勢志摩賢島温泉」を完備。屋上の星空テラスで行われる星空観測のイベントも好評。

🏠 志摩市阿児町神明 660 ☎ 0599-46-0001 ⊗近鉄賢島駅から車で3分 🅿Pあり
志摩・賢島周辺
▶MAP 別 P.15D-2

料金 1泊夕食・朝食付き1万6000円〜
IN 15:00 OUT 10:00

2フロアある開放的なダイニング

1オーダーメイドの家具が配されている　2屋上にある星空テラスでは天体観測が楽しめる

伊勢志摩素材の創作料理が魅力のオーベルジュ

Dinner Point
和風ダシとフレンチの融合

ブイヤベースはカツオでだしをとるなど、プロヴァンス流の料理でありながら、和風だしが味の決め手。

[メニュー例]
- 美熊野牛の低温ロースト 季節野菜のソース
- 志摩産伊勢海老のグリル 伊勢のお米を使ったソース

ビジター利用 ◯

食材の宝庫である伊勢志摩に泊まるなら、地場産の食材を使った絶品料理を満喫したい！一流シェフが腕を振るう創作フレンチと、鮮度が自慢の美食宿をご紹介。

［ What is ］

美食宿　こだわりの料理を提供する宿のこと。リゾートホテルやオーベルジュ、民宿までジャンルもさまざま。

和食 🇯🇵

鮮度抜群の海鮮料理に感動！現役の海女さんが営む宿

アットホームなおもてなし
民宿 なか川
みんしゅく なかがわ

漁師の町・相差にある宿。海女さんが営んでいるとあって、アワビや伊勢エビ、カキなど魚介の鮮度は抜群！離れの貸切風呂や岩盤浴もある。

🏠 鳥羽市相差町480　☎0599-33-6868　⊗JR・近鉄鳥羽駅から車で30分　🚗Pあり　※2022年10月現在休業中。要問合せ

鳥羽・相差周辺　▶MAP 別 P.13F-2

料金 サービスコース1泊夕食・朝食付き9250円〜
IN 15:00　OUT 10:00

アワビの調理法はお造りかおどり焼きのどちらかを選べる

▶MAP 別 P.13F-2

Dinner Point
とにかく新鮮な海鮮料理！

現役の海女さんがとるため鮮度の高さに定評がある。伊勢エビやアワビなどを使った贅沢な料理がたっぷり堪能できる。

〔 メニュー例 〕
- 伊勢エビのお造り
- アワビとヒラメの舟盛
- アワビのおどり焼き

ビジター利用 ✕

1 露天風呂付きの客室はプラス3000円　2 漁師の町にある民宿

昔ながらの活魚宿にステイ
活鮮旅館 志摩半島
かっせんりょかん しまはんとう

懐かしい雰囲気が残る旅館。厳選したとれたての食材を余すことなく調理した料理は、圧倒されるほどのボリュームで評判。お手頃なプランから豪華なメニューまで揃えている。

🏠 志摩市志摩町越賀1922-4　☎0599-85-0524　⊗近鉄賢島駅から車で30分　🚗Pあり

志摩・志摩町周辺　▶MAP 別 P.14C-3

料金 リーズナブルコース1泊夕食・朝食付き1万500円〜
IN 15:00
OUT 10:00

天然温泉があり、南勢桜山温泉を引いている

奥志摩の隠れ宿でボリューミーな新鮮魚介をいただく

1 昔ながらの造り。バス、トイレは共同　2 閑静な住宅街にある

Dinner Point
仲介人が直接買い付けた厳選素材

その日仕入れた魚介を使ったメニューを提供。リーズナブルコースでも10品以上と、ボリューム満点な活魚料理が人気。

〔 メニュー例 〕
- 伊勢エビの活鮮焼き
- 大漁舟盛
- アワビの陶板焼き

ビジター利用 ✕

STAY

手軽に贅沢キャンプを楽しむ
話題のグランピングにステイ

近年ブームのグランピング施設が伊勢 志摩にも続々オープン！
設備が充実しているので手ぶらでOK、アウトドア初心者でも安心。

ラグジュアリーな
シーサイドグランピング

2021年に9棟のベイテラスがオープン。プライベートデッキも

ベイテラスが新たにオープン！
グランオーシャン伊勢志摩
グランオーシャンいせしま

「旅荘 海の蝶」（→P.32）プライベートビーチで過ごすためのグランピング施設。充実したサービスや設備が整い、初心者でも快適にアウトドア気分が楽しめる。

🏠 伊勢市二見町松下1693-1　☎05
96-44-1060　🚃JR・近鉄鳥羽駅から
車で10分　🅿Pあり

伊勢・二見周辺 ▶MAP 別 P.3B-2

[料金] 平日1泊素泊まり1万4300円〜
[IN] 15:00　[OUT] 11:00

設備
無料Wi-Fi、冷蔵庫、コーヒーメーカー、ケトル、冷暖房など

注目👀
テーマ別のドーム型テント
海、風、土、木、白の5テーマに分かれ、オリジナル家具が置かれている。おしゃれな空間にテンションアップ！

注目👀
手ぶらでBBQディナー
BBQディナーが付いたプランなら、食材や調理器具を持ち込まずに手ぶらで楽ちん！

こんな
楽しみ方もアリ♡
同じ敷地内にある「旅荘 海の蝶」の天然温泉露天風呂が満喫できる。21:45まで送迎もしてくれる。入湯税150円。

シーサイドデッキ
海に一番近い場所にある「シーサイドデッキ」。波音が心地よく癒しの時間を過ごせる

プライベート空間で楽しむ
アメリカンスタイル

目の前にプライベートラグーンが広がる

What is

グランピング

英語の「Glamorous」と「Camping」を合わせた造語で、魅力的なキャンプという意味。ホテル並みの施設を完備しており、気軽にアウトドアが楽しめる。

注目👀

川辺に囲まれた場所にあり、すべてのグランピングにカナディアンカヌー付き。目の前の川辺を冒険してみよう！

デッキチェアに寝転がってのんびり日光浴ができる

老舗のアメリカンアウトドアリゾート
伊勢志摩エバーグレイズ
いせしまエバーグレイズ

グランピングは、水上ファイアーデッキやリゾートバス付きなど全部で3タイプ。BBQはリブステーキやマシュマロなどのメニューが味わえるアメリカンスタイル。

🏠 志摩市磯部町穴川1365-10 ☎0599-55-3867 🚉近鉄穴川駅から徒歩10分 🅿あり **志摩・的矢湾周辺** ▶MAP 別 P.15 D-1

料金 1泊夕食・朝食付き 3万3100円〜
IN 14:00〜16:00 **OUT** 11:00

設備
カヌー、電気グリル、冷蔵庫、ケトル、冷暖房など

wow!

こんな楽しみ方もアリ♡

グランピングエリアは宿泊者以外は立ち入りできないため、水辺の自然を静かに感じることができる。運がよければ水鳥が遊びにくるかも。

手ぶらで100%グランピングを満喫できる！
グランドーム伊勢賢島
グランドームいせかしこじま

全8つのドームがあり、伊勢エビなど地元食材が味わえるこだわりの食事プランを揃えている。また、シーカヤックやSUPなどさまざまなアクティビティも楽しめる。

🏠 志摩市阿児町神明863-4 ☎0800-200-5133 🚉近鉄賢島駅から徒歩15分 🅿あり **志摩・賢島周辺** ▶MAP 別 P.15 D-2

料金 1泊夕食・朝食付き 2万1800円〜
IN 15:00 **OUT** 10:00

設備
冷蔵庫、食器類、電源、冷暖房など

こんな楽しみ方もアリ♡

夜になるとキッチンカーがバーに変身。19:00〜21:00まで無料でお酒やソフトドリンクがオーダーできる（一部有料メニューあり）。

宿泊プランが充実
自分好みのグランピングをチョイス

注目👀

中央広場の焚き火スペースで通年キャンプファイヤーが行われている（日暮れ〜21:00）。

宿泊者はビッグマシュマロが無料で食べられる！

1 開放感のあるゆったりとした造りのラグジュアリー 2 広大な敷地の中央にキッチンカーと焚き火スペースがある

ハレ旅
Info

全国から伊勢、志摩、鳥羽への行き方をチェック！

全国からスムーズにアクセスできる交通手段をガイド。東京からなら鉄道、飛行機、バスの3つを
旅のスタイルに合わせてチョイスできる。お得な料金プランもあるので、うまく利用して旅を楽しもう！

ACCESS 1

鉄道
TRAIN

一番手っ取り早くアクセスできるのが鉄道。新幹線を利用する場合、名古屋か大阪で近鉄またはJRに乗り換えて伊勢や鳥羽・志摩にアクセスする。名古屋や大阪からの電車の本数は1時間に1〜2本となるため、スムーズに乗り換えできるよう事前に時刻表を確認しておこう。

伊勢へのアクセス

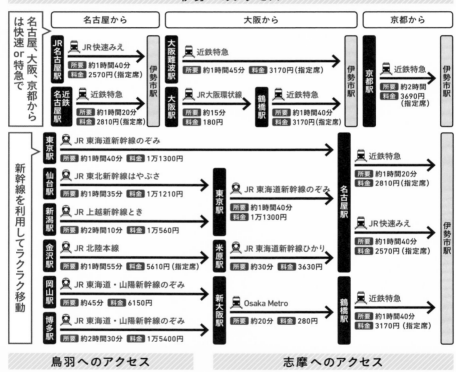

名古屋、大阪、京都からは快速or特急で

名古屋から

JR名古屋駅 🚋 JR快速みえ　所要 約1時間40分　料金 2570円(指定席) → 伊勢市駅

名近鉄古屋駅 🚋 近鉄特急　所要 約1時間20分　料金 2810円(指定席) → 伊勢市駅

大阪から

大阪難波駅 🚋 近鉄特急　所要 約1時間45分　料金 3170円(指定席) → 伊勢市駅

大阪駅 🚋 JR大阪環状線　所要 約15分　料金 180円 → 鶴橋駅 🚋 近鉄特急　所要 約1時間40分　料金 3170円(指定席) → 伊勢市駅

京都から

京都駅 🚋 近鉄特急　所要 約2時間　料金 3690円(指定席) → 伊勢市駅

新幹線を利用してラクラク移動

東京駅 🚋 JR 東海道新幹線のぞみ　所要 約1時間40分　料金 1万1300円 → 名古屋駅

仙台駅 🚋 JR 東北新幹線はやぶさ　所要 約1時間35分　料金 1万1210円 → 東京駅

新潟駅 🚋 JR 上越新幹線とき　所要 約2時間10分　料金 1万560円 → 東京駅

金沢駅 🚋 JR 北陸本線　所要 約1時間55分　料金 5610円(指定席) → 米原駅

岡山駅 🚋 JR 東海道・山陽新幹線のぞみ　所要 約45分　料金 6150円 → 新大阪駅

博多駅 🚋 JR 東海道・山陽新幹線のぞみ　所要 約2時間30分　料金 1万5400円 → 新大阪駅

東京駅 🚋 JR 東海道新幹線のぞみ　所要 約1時間40分　料金 1万1300円 → 名古屋駅

米原駅 🚋 JR 東海道新幹線ひかり　所要 約30分　料金 3630円 → 名古屋駅

新大阪駅 🚋 Osaka Metro　所要 約20分　料金 280円 → 鶴橋駅

名古屋駅 🚋 近鉄特急　所要 約1時間20分　料金 2810円(指定席) → 伊勢市駅

名古屋駅 🚋 JR快速みえ　所要 約1時間40分　料金 2570円(指定席) → 伊勢市駅

鶴橋駅 🚋 近鉄特急　所要 約1時間40分　料金 3170円(指定席) → 伊勢市駅

鳥羽へのアクセス

名古屋駅 🚋 近鉄特急　所要 約1時間40分　料金 3090円(指定席) → 鳥羽駅

名古屋駅 🚋 JR快速みえ　所要 約2時間　料金 3030円(指定席) → 鳥羽駅

大阪難波駅 🚋 近鉄特急　所要 約2時間　料金 3720円(指定席) → 鳥羽駅

京都駅 🚋 近鉄特急　所要 約2時間15分　料金 3960円(指定席) → 鳥羽駅

志摩へのアクセス

鳥羽駅 🚋 近鉄特急　所要 約30分　料金 1000円(指定席) → 賢島駅

+α ラグジュアリーな観光特急「しまかぜ」

名古屋、京都、大阪から伊勢、鳥羽、賢島方面へ運行する特急列車。座席は3列配置でゆったりとしており、シートは本革で電動リクライニング機能を完備。先頭の展望車両から眺めのいい景色が楽しめる。1日1便(各便、運休日あり)、近鉄名古屋駅〜賢島駅間は4700円。各個室利用は別途1室1050円。

提供：近畿日本鉄道株式会社

※新幹線は通常期の指定席特急料金

ACCESS 2 バス BUS

東京周辺から出ている高速バスは節約派におすすめしたい交通手段。伊勢方面まで約9時間の長距離移動となるが、夜行バスなので宿泊費が浮かせられる。朝に伊勢志摩に到着するため即、観光がスタートできる。

東京方面から伊勢・鳥羽へ！

横浜〜新宿〜松阪〜伊勢

横浜駅(YCAT)	22:55
バスタ新宿	0:00
近鉄四日市駅	6:00
松阪駅北口	8:15
伊勢市駅前	8:55

料金 4300円〜
問い合わせ WILLER TRAVEL 予約センター
TEL 0570-200-770

東京〜宇治山田(伊勢)

東京駅鍛冶橋駐車場 (八重洲駅南口)	22:40
近鉄宇治山田駅	8:10
多気	9:00

料金 5800円〜
問い合わせ 青木バス
TEL 0598-49-7510

大宮〜新宿〜伊勢〜鳥羽

大宮駅西口	20:25	21:15
池袋駅東口	21:20	22:10
バスタ新宿	21:50	ー
立川駅北口	22:45	ー
YCAT(横浜駅東口)	ー	23:45
松阪駅前	6:15	6:50
伊勢市駅前	6:55	7:30
二見浦参道	7:20	7:55
鳥羽バスセンター	7:35	8:10

※2022年10月現在、YCAT経由は運休中

料金 バスタ新宿〜伊勢市駅 6400円〜1万1300円(時期により変動あり)
問い合わせ 西武バス座席センター
TEL 0570-025-258
問い合わせ 三交予約センター
TEL 059-229-5555

＋α 中部国際空港から伊勢へ向かう最短ルート

中部国際空港から津なぎさまちまで高速船で行き、港でバスに乗り換えて伊勢市内〜鳥羽バスセンターまで行く。セット券はチケットを別々に購入するより割安。伊勢市内まで3400円。

問い合わせ 三重交通株式会社 伊勢営業所
TEL 0596-25-7131

ACCESS 3 車 CAR

東海や関西地方なら、自在に動ける車で行くのもあり。関東からだとガソリン代や高速料金がかさみ、長時間運転で疲労するので、電車と組み合わせるといい。

東京		
約450km		
所要 約5時間30分	料金 1万270円	

東名高速東京IC → 新東名高速 → (豊田東JCT) → 伊勢湾岸道路 → (四日市JCT) → 東名阪道 → 伊勢道伊勢西IC → 県道32号

名古屋		
約145km		
所要 約1時間55分	料金 5030円	

東名阪道名古屋IC → 伊勢道伊勢西IC → 県道32号

京都		
約150km		
所要 約1時間50分	料金 3930円	

名神高速京都南IC → (草津JCT) → 新名神高速 → (亀山JCT) → 東名阪道 → 伊勢道伊勢西IC → 県道32号

大阪		
約180km		
所要 約2時間30分	料金 4610円	

名神高速吹田IC → (草津JCT) → 新名神高速 → (亀山JCT) → 東名阪道 → 伊勢道伊勢西IC → 県道32号

伊勢市駅

伊勢		
約15km		
所要 約30分		
料金 ※伊勢志摩スカイライン利用は1270円		

県道37号 → 国道42号

鳥羽

鳥羽		
約27km		
所要 約40分		
料金 ※景色を楽しむなら沿岸のパールロード(無料)利用も(約36km、約50分)		

国道167号

志摩

ACCESS 4 飛行機 AIRPLANE

遠方からアクセスするなら飛行機が便利。最寄りの空港は中部国際空港セントレア。空港から伊勢方面には、高速船やバス、鉄道を乗り継いで行く。

空港から伊勢方面へのアクセス

中部国際空港から伊勢方面には2つの行き方がある。

①高速船＋バス

中部国際空港から津なぎさまち港を結ぶ高速船が運航している。所要約45分、2520円。港からJR・近鉄津駅までは三重交通バスで約10分、220円(早朝や夜はタクシーを利用)。津駅からは近鉄特急またはJR快速などで伊勢市駅へ向かう。

TEL 059-213-4111(津エアポートライン予約専用)

②鉄道

中部国際空港から名鉄名古屋駅までは、名鉄特急ミュースカイで約28分1250円。名古屋駅から伊勢市駅へは左頁参照。

観光特急「しまかぜ」では車内のカフェで松阪牛を使ったメニューが味わえる。

ハレ旅
Info

3つの交通手段で
伊勢、志摩、鳥羽を賢く巡る

伊勢、志摩、鳥羽をそれぞれ巡る主な交通手段は、バス、レンタカー＆マイカー、鉄道の3つ。主要な観光地はバスや鉄道だけで巡ることもできるが、レンタカーやマイカーを使えば、より広範囲の観光が楽しめる。

バス
BUS

伊勢や鳥羽の移動は、基本的にバスが中心。路線バスや周遊バスなどが、主要な観光地を網羅している。バスによってルートや料金が異なるので、目的地に合わせて使い分けよう。

\ 広範囲を移動するなら /

伊勢二見鳥羽周遊バス
CANばす

宇治山田駅前から伊勢市駅前を経由して外宮〜内宮へ行く。その先は、二見を通り鳥羽方面までアクセスできる。何度も途中下車するなら、乗り降り自由のフリーきっぷ「伊勢鳥羽みちくさきっぷ」がお得。

宇治山田駅前 →約4分→ 伊勢市駅前 →約4分→ 外宮前 →約7分→ 神宮徴古館前 →約4分→ 五十鈴川駅前 →約4分→ 猿田彦神社前 →約2分→ 内宮前 →約13分→ サンアリーナ →約4分→ 伊勢忍者キングダム

鳥羽水族館・ミキモト真珠島 ←約3分← 鳥羽バスセンター ←約8分← 池の浦 ←約2分← 民話の駅 蘇民前 ←約2分← 夫婦岩東口・伊勢シーパラダイス前 ←約2分← 二見総合支所前 ←約2分← 二見浦表参道 ←約5分← 伊勢忍者キングダム

※主なバス停。鳥羽発伊勢方面行きは伊勢市駅前には停車しない

主な区間と料金	
宇治山田駅前・外宮前〜内宮前	440円
内宮前〜二見浦表参道	630円
内宮前〜夫婦岩東口	700円
内宮前〜鳥羽水族館・ミキモト真珠島	870円

問い合わせ
三重交通株式会社 伊勢営業所
TEL
0596-25-7131

\ お得なフリー切符！ /

伊勢鳥羽みちくさきっぷ

三重交通の路線バスのフリー区間と、CANばすが乗り放題。鳥羽水族館、ミキモト真珠島、鳥羽湾めぐり、海の博物館などの観光施設の入館料、乗船料が割引になるなどの特典付き。志摩や南伊勢の全域をカバーする「みちくさきっぷワイド」もある。

料金	
● 伊勢鳥羽みちくさきっぷ	
1DAY	1200円
2DAYS	1800円
● みちくさきっぷワイド	
2DAYS	2600円

販売
三重交通各きっぷうりば(宇治山田駅前案内所、伊勢市駅前、内宮前、鳥羽バスセンター)、CANばす、参宮バス車内など

問い合わせ
三重交通株式会社 伊勢営業所
TEL
0596-25-7131

みちくさきっぷ [1DAY・2DAYS]フリー区間　── フリー区間 [1DAY・2DAYS]　── フリー区間 [2DAYSのみ]

鳥羽市かもめバス

有滝　土路　大湊　今一色
問屋センター　伊勢赤十字病院　一色町　二見浦表参道　夫婦岩東口・伊勢シーパラダイス前　小浜漁協前
湯田野　伊勢市駅前　宇治山田駅前　伊勢忍者キングダム　鳥羽バスセンター
中須　外宮前　サンアリーナ
庁舎前　五十鈴川駅前　鳥羽水族館・ミキモト真珠島　かんぽの宿 鳥羽
土場　猿田彦神社前　山上広苑　市民の森　ウィスタリアン前
横輪口　内宮前　金剛證寺　安楽島
浦田町　海の博物館

＼ 期間限定の運行 ／

参宮バス

土・日曜、祝日および、8月13日～15日のお盆と12月30日～1月4日の年末年始のみ運行。五十鈴川駅前から伊勢志摩スカイラインを通り、朝熊山頂展望台のある山上広苑まで行く。1日5往復運行、料金は伊勢志摩スカイラインの通行料込み。「伊勢鳥羽みちくさきっぷ」（→ P.154)、「まわりゃんせ」、「お伊勢さんきっぷ」でも利用可。

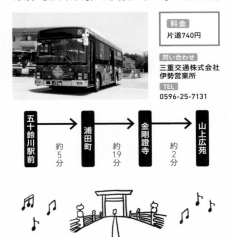

料金
片道740円

問い合わせ
三重交通株式会社
伊勢営業所
TEL
0596-25-7131

五十鈴川駅前 →（約5分）→ 浦田町 →（約19分）→ 金剛證寺 →（約2分）→ 山上広苑

＼ 事前予約で楽チン！ ／

パールシャトル

内宮前と志摩の近鉄リゾートホテルを結ぶ。事前予約制（電話は前日、インターネットは2日前まで）だが、当日空席があれば窓口で予約可能。内宮前から賢島までは所要約1時間、1日2往復運行。「まわりゃんせ」、「伊勢神宮参拝きっぷ」で片道1回利用できる（要事前予約）。

料金
片道1000円
予約窓口
三重交通内宮前きっぷうりば
（乗車当日～発車30分前まで）

問い合わせ
三重交通株式会社
観光販売システムズ
（乗車前日まで）
TEL
052-253-6324

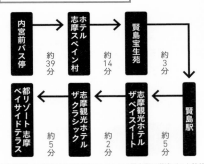

内宮前バス停 →（約39分）→ ホテル志摩スペイン村 →（約14分）→ 賢島宝生苑 →（約3分）→

都リゾート志摩ベイサイドテラス ←（約5分）← 志摩観光ホテルザクラシック ←（約2分）← 志摩観光ホテルザベイスイート ←（約5分）← 賢島駅

※都リゾート 奥志摩 アクアフォレストとは賢島駅で送迎バスと接続
※志摩市内のみの乗降不可

＋α 鉄道のきっぷと組み合わせてお得に！

鉄道のお得なきっぷに、バスが乗り放題になるプランが組み込まれている。
それぞれ条件が異なるので、自分の旅の目的に合うきっぷを選ぼう！

伊勢神宮参拝きっぷ

伊勢神宮を中心に巡る人におすすめ。近鉄電車の発駅までの往復特急券とフリー区間（松阪～賢島）が乗り放題でフリー区間内で利用できる特急券2枚付き、三重交通バス（伊勢・二見・朝熊エリア内の指定区間）も乗り放題。

条件
販売は通年。乗車日を指定のうえ事前購入（乗車開始日当日は購入不可。乗車開始日の1カ月前から販売）。指定した乗車開始日から3日間有効。

料金
関西発：6800円
（大阪難波・京都・近鉄奈良などから）

まわりゃんせ

「伊勢神宮参拝きっぷ」の広域バージョン。近鉄電車の発駅からフリー区間までの往復特急券とフリー区間（松阪～賢島）乗り放題に、フリー区間内で利用できる特急券4枚付き。松阪・伊勢・鳥羽・志摩地域の三重交通バス（CANばすを含む）、鳥羽市かもめバスが利用可。鳥羽市営定期船、志摩マリンレジャーあご湾定期船も乗り放題。23の観光施設に入場・入館可能なほか、呈示特典もある。

条件
2022年の発売は2022年12月26日まで。利用期間は2022年12月29日まで。有効期間は乗車開始日から4日間。

料金 9900円

問い合わせ 近鉄電車テレフォンセンター（8:00～21:00）　**TEL** 050-3536-3957

レンタカー＆マイカー
RENTAL CAR & MY CAR

レンタカーがあれば駅から遠い観光地への移動もスムーズ。伊勢志摩スカイラインなどの人気のドライブルートを走ったり自由自在にドライブを楽しめる。

How to rent

① レンタカーを予約
事前にインターネットで予約しておくのがおすすめ。どこの営業所で借りるかを選択し、利用日や車両タイプなどを選択すると料金が表示される。

② 営業所へ
予約時に選択したレンタカーの営業所へ。飛行機で来る場合は中部国際空港、鉄道で来る場合は駅前にレンタカーの営業所がある。

③ 受付
受付でスタッフに免許証を提出して契約手続きを行う。保険加入の有無を申告し、料金を支払う。

④ 車に乗る
借りる車に案内されると、スタッフと一緒に車体のキズを確認する。操作方法がわからない場合は質問しよう。返却の際は、営業所に戻る前にガソリンを満タンにしておこう。

ドライブアクセスチャート

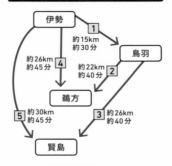

伊勢
1 約15km 約30分
鳥羽
4 約26km 約45分
2 約22km 約40分
鵜方
5 約30km 約45分
3 約26km 約40分
賢島

1 伊勢～鳥羽
県道37号→国道42号
※伊勢志摩スカイライン利用は1270円

2 鳥羽～鵜方
国道167号
※景色を楽しむなら沿岸のパールロード（無料）利用も（約36km、約50分）

3 鳥羽～賢島
国道167号

4 伊勢～鵜方
県道32号→国道167号

5 伊勢～賢島
県道32号→国道167号

＋α JR利用でレンタカーがお得に！

JRの切符と駅レンタカーを組み合わせることで、JRとレンタカーのどちらも割引価格で利用できる。ネットでレンタカーを予約して、予約番号を持って最寄り駅で切符とレンタカー券を購入。到着駅から駅レンタカーで出発する。

URL www.ekiren.co.jp

主なレンタカー会社

会社	電話
JR 駅レンタカー	0800-888-4892
トヨタレンタカー	0800-7000-111
ニッポンレンタカー	0800-500-0919
日産レンタカー	0120-00-4123
オリックスレンタカー	0120-30-5543
タイムズ カー レンタル	0120-00-5656

鉄道
TRAIN

伊勢、志摩、鳥羽のそれぞれの最寄り駅へは近鉄やJRが快速や特急を運行している。最寄りの駅からバスを利用する、またはレンタカーを借りると時間を有効に使える。

＋α レンタサイクルも有効活用！

駅から少し離れた見どころに行くときに役に立つのがレンタサイクル。小回りがきくので効率よく観光できる。観光案内所や駅前の営業所で借りられる。

● 外宮前観光案内所
伊勢・外宮参道 ▶ MAP 別 P.6A-3
TEL 0596-23-3323
料金 シティサイクル 4時間800円〜

● 伊勢市観光案内所(宇治山田駅構内)
伊勢・外宮周辺 ▶ MAP 別 P.4C-1
TEL 0596-23-9655
料金 シティサイクル 4時間800円〜

● かもめレンタサイクル
志摩・鳥羽駅周辺 ▶ MAP 別 P.12B-2
TEL 0599-26-3331 (鳥羽一番旅コンシェルジュ)
料金 普通自転車1日600円〜、電動自転車1日1000円〜

● Bicycle Journey (近鉄鵜方駅構内)
志摩・鵜方駅周辺 ▶ MAP 別 P.15D-2
TEL 0599-44-4450
料金 電動アシスト自転車3時間1000円〜

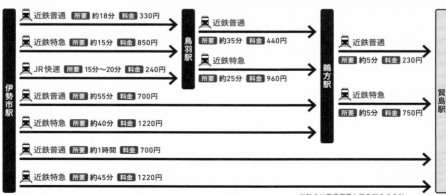

伊勢市駅
- 近鉄普通 所要 約18分 料金 330円
- 近鉄特急 所要 約15分 料金 850円
- JR快速 所要 15分〜20分 料金 240円
- 近鉄普通 所要 約55分 料金 700円
- 近鉄特急 所要 約40分 料金 1220円
- 近鉄普通 所要 約1時間 料金 700円
- 近鉄特急 所要 約45分 料金 1220円

鳥羽駅
- 近鉄普通 所要 約35分 料金 440円
- 近鉄特急 所要 約25分 料金 960円

鵜方駅
- 近鉄普通 所要 約5分 料金 230円
- 近鉄特急 所要 約5分 料金 750円

賢島駅

※料金は普通運賃と特急料金の合計

バスツアー・観光タクシーでラクラク観光

バスツアーや観光タクシーは、自分で移動手段を手配する手間が省けて、主要な観光地を効率よく巡ることができる。さまざまなコースから希望の目的地に合うコースを見つけよう!

バスツアー

こんな人におすすめ

● 効率よく人気の観光地を回りたい!
● ルートを考えるのが面倒
● 費用を抑えつつ楽して観光したい

人気の観光地を巡るバスツアー。ガイド付きでより詳しい情報を得られるほか、入場・入館料込みや食事付きのプランもあり、充実のサービスを盛り込んでいる。

問い合わせ 三重交通株式会社 観光販売システムズ着地型ツアー
TEL 050-3775-4727

〜伊勢志摩を効率よく回る周遊ばす〜 美し国周遊ばす 伊勢神宮両宮参拝プラン

伊勢神宮・外宮からスタートし、内宮、おかげ横丁、猿田彦神社、月読宮など伊勢の人気スポットをガイド付きで巡るコース。伊勢の名物が味わえる昼食付きプランもある。鳥羽、宇治山田、伊勢のいずれかより出発。事前予約制。

期間
2022年10月1日〜2023年3月31日の土・日曜・祝日(12月31日〜1月6日、神宮参拝停止日を除く)

料金
5000円〜1万500円

所要
約6時間20分

"夢"みちくさきっぷ1日券付 朝熊山頂おもてなしパック

伊勢鳥羽の路線バスでの移動と観光がセットになったお得なプラン。「みちくさきっぷ」(→P.154)の1日券、オリジナル切手付きの天空のポストカード、朝熊山頂の展望足湯、朝熊茶屋・山頂売店で利用できる「選べるおもてなしセット(お土産セットorお食事セットor美容セットからお好きなものを1つ選択)」が付く。

期間
2022年10月1日〜2023年3月31日までの土・日曜・祝日、8月13日〜15日、12月30日〜1月4日

料金
1800〜2400円

観光タクシー

こんな人におすすめ

● 時間をフレキシブルにしたい
● 地元の人がおすすめする情報が知りたい
● マイナーな観光地に行きたい

大人数での観光におすすめ。観光バスよりも自由度が高く、行きたい場所をカスタマイズできるのが特徴。地元ドライバーならではのガイドが楽しめるのも醍醐味。

問い合わせ 野呂タクシー
TEL 0596-22-2188

外宮・内宮を参拝し、おかげ横丁を散策、二見夫婦岩やパールロードなどを巡る伊勢志摩満喫プランや、二見夫婦岩からのご来光と伊勢神宮早朝参拝がセットになったプランなど、さまざまなコースが揃う。

料金 貸切4時間2万400円〜(一般タクシー)

🚲 伊勢を自転車で回るとき、内宮〜外宮を結ぶ道はアップダウンがあるため、電動アシスト自転車をチョイスすると楽チン。

INDEX

漣 鳥羽店	鳥羽	28
茶房 河崎蔵	伊勢・二見	102
茶房 太助庵	伊勢・二見	87
SHEVRON CAFE	志摩	145
地物海鮮料理 伊勢網元食堂	伊勢・二見	53
白瀧モリノチャヤ	鳥羽	125
すし久	伊勢・二見	76,84
スターバックス コーヒー 伊勢 内宮前店	伊勢・二見	10
STOP BY JOE	志摩	10
だんご屋	伊勢・二見	69
ダンデライオン・チョコレート	伊勢・二見	55
Ciao	鳥羽	124
手こね茶屋 おはらい町中央店	伊勢・二見	77
てらこやCafe	鳥羽	124
豆腐庵 山中	伊勢・二見	68
鳥羽磯部漁協直営 魚々味	鳥羽	121
二光堂 寶来亭	伊勢・二見	66,81
21時にアイス 伊勢店	伊勢・二見	54
野あそび棚	伊勢・二見	71
浜与本店 内宮前店	伊勢・二見	79
ひごと	伊勢・二見	53
ふくすけ	伊勢・二見	74,84
藤屋窓月堂 おはらい町本店	伊勢・二見	70.89
豚捨	伊勢・二見	72
豚捨 外宮前店	伊勢・二見	53
プティレストラン宮本	志摩	31
フランス料理 ボンヴィヴァン	伊勢・二見	30
町家とうふ	伊勢・二見	103
松阪牛炭火焼肉 伊勢十	伊勢・二見	80
松阪まるよし 伊勢おはらい町店	伊勢・二見	81
松治郎の舗 伊勢おはらい町店	伊勢・二見	68
的矢かきテラス	志摩	10
まるごと果汁店	伊勢・二見	67
丸善水産	鳥羽	123
三ツ橋ぱんじゅう	伊勢・二見	51
mirepoix	伊勢・二見	30
やきもの泰二郎	伊勢・二見	70
山村みるくがっこう 外宮前店	伊勢・二見	50
横丁焼の店	伊勢・二見	73
漁師めし みなと食堂	鳥羽	121

🛒 SHOPPING

海女の家 五左屋	鳥羽	126
伊勢菊一	伊勢・二見	51
岩戸屋	伊勢・二見	89
魚春 五十鈴川店	伊勢・二見	91
ゑびや商店	伊勢・二見	91
おいせさん 外宮本店	伊勢・二見	50
おみやげや	伊勢・二見	93
神路屋	伊勢・二見	91
くみひも平井	伊勢・二見	91
勢乃國屋	伊勢・二見	88
太閤出世餅	伊勢・二見	89
匠の一座 本店	伊勢・二見	51
他抜き だんらん亭	伊勢・二見	91

鳥羽マルシェ	鳥羽	126
虎屋ういろ 内宮前店	伊勢・二見	89
中谷武司協会	伊勢・二見	103
ブランカ本店	鳥羽	126
古本屋ぽらん	伊勢・二見	103
名物へんば餅 おはらい町店	伊勢・二見	88
もめんや藍	伊勢・二見	93

🏨 STAY

アマネム	志摩	146
伊勢志摩エバーグレイズ	志摩	151
活鮮旅館 志摩半島	志摩	149
Kabuku Resort	志摩	11
グランオーシャン伊勢志摩	伊勢・二見	150
グランドーム伊勢賢島	志摩	151
グランピングヴィレッジTHANS	志摩	11
THE HIRAMATSU HOTELS & RESORTS 賢島	志摩	148
志摩観光ホテル ザ ベイスイート	志摩	33
美食の隠れ家 プロヴァンス	志摩	148
都リゾート 奥志摩 アクアフォレスト	志摩	33
民宿 なか川	鳥羽	149
陸の孤島 LUXUNA 伊勢志摩	志摩	11
旅荘 海の蝶	伊勢・二見	32

STAFF

編集制作
有限会社グルーポ ピコ
田中健作、今福直子

撮影
有限会社グルーポ・ピコ
武居台三、田中健作

写真協力
神宮司庁
伊勢志摩観光コンベンション機構
鳥羽市観光協会
志摩市観光協会
関係各市町村観光課
関係諸施設
朝日新聞
PIXTA
shutterstock.com

表紙デザイン　菅谷真理子（マルサンカク）

本文デザイン
今井千恵子、大田幸奈 (Róndine)

表紙イラスト　大川久志　しまほらゆうき

本文イラスト　田中麻里子　細田すみか

地図制作　s-map

地図イラスト　岡本倫幸

組版・印刷　大日本印刷株式会社

企画・編集　清永愛、白方美樹（朝日新聞出版）

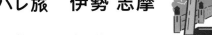

ハレ旅　伊勢 志摩

2022年 11月30日　改訂版第1刷発行
2024年 3月30日　改訂版第3刷発行

編　著　朝日新聞出版

発行者　片桐圭子

発行所　朝日新聞出版
　　　　〒104-8011　東京都中央区築地5-3-2
　　　　（お問い合わせ）infojitsuyo@asahi.com

印刷所　大日本印刷株式会社

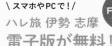

＼ スマホやPCで！／
ハレ旅 伊勢 志摩
電子版が無料！
購入者限定 **FREE**

①　**「honto電子書籍リーダー」アプリをインストール**

Android版 Playストア
iPhone/iPad版 AppStoreで
honto を検索

PCでの利用の場合はこちらから
https://honto.jp/ebook/dlinfo

右のQRコードからも
アクセスできます

②　**無料会員登録**

インストールしたアプリのログイン画面から新規会員登録を行う

③　**ブラウザからクーポンコード入力画面にアクセス**

ブラウザを立ち上げ、下のURLを入力。電子書籍引き換えコード入力画面からクーポンコードを入力し、My本棚に登録

クーポンコード入力画面URL
https://honto.jp/sky

クーポンコード asa2641914993867
※2024年12月31日まで有効

右のQRコードからも
クーポンコード入力画面にアクセスできます

④　**アプリから電子書籍をダウンロード＆閲覧**

①でインストールしたアプリの「ライブラリ」画面から目的の本をタップして電子書籍をダウンロードし、閲覧してください
※ダウンロードの際には、各通信会社の通信料がかかります。ファイルサイズが大きいため、Wi-Fi環境でのダウンロードを推奨します。
※一部、電子版に掲載されていないコンテンツがあります。

ご不明な点、お問い合わせ先はこちら
hontoお客様センター
✉ shp@honto.jp
☎ 0120-29-1815
IP電話からは ☎ 03-6386-1622
※お問い合わせに正確にお答えするため、通話を録音させていただいております。予めご了承ください。